評伝
日本の経済思想

後藤文夫

人格の統制から国家社会の統制へ

中村宗悦

日本経済評論社

はしがき

明治末期から昭和初期にかけて、社会改造を目指したさまざまな革新運動があったが、それら運動の担い手のなかに「新官僚」と呼ばれた一群の人々がいた。彼らは日本が直面していた「危機」にいち早く対応しつつ、体制内革新を先導していった。彼らが感じ取った「危機」の具体的内容は、社会主義思想の広がりであったり、労働争議・小作争議の問題であったり、農村疲弊の問題であったり、あるいは都市の衛生問題であったりしたが、共通していたのは資本主義の行き過ぎた発展がこれらの問題の根底にあるという認識であった。

本評伝の主人公である後藤文夫（一八八四〔明治一七〕～一九八〇〔昭和五五〕年）も、まさにこの「新官僚」のリーダー的存在として右の問題認識を共有しつつ、革新運動の先頭に立っていた。さらに後藤の場合、内務官僚から政治家へと転身し、やがて「新官僚」が感じた「危機」がもっとも先鋭化して現れた「昭和恐慌」の際には、農相として農村匡救事業にあたり、二・二六事件の際には、国内治安の最高責任者である内相の地位にあった。したがって、「危機」意識をもっていた「新官僚」が、具体的にどのような政策・行動を取ったのかを知る上で、後藤は非常に重要な位置にあったといえる。

しかし、「新官僚」後藤の分析を通じて知ることができるのは、当時の「危機」とそれへの対応のみではない。議会政治を擁護しようとした後藤は、総力戦体制への国民動員組織の基盤作りに結果として貢献してしまった。また、農村問題解決の抜本的政策は、その実現過程で官による経済統制を拡大させた。後藤が生涯期待してやまなかった青少年の健全な育成という政策課題が今なお未解決の問題であることはいうまでもない。現代のわれわれは、失敗を二度と繰り返さないでいられるのであろうか。

現在の日本の政治状況を省みるならば、いわゆる「五五年体制」崩壊以降、議会政治を担っていくべき政党の力が相対的に弱まってきているように思われる。とくに二〇〇一（平成一三）年から五年もの長期にわたって政権を担当した小泉純一郎の政治手法は、政治に対する一般大衆の関心を喚起すると同時に、戦後長らく政権与党として力をふるってきた自由民主党の存在感を希薄なものにしていった。自由民主党自体は今なお存在しているが、いわゆる「自民党型政治」は「抵抗勢力」を象徴する言葉となり、急速に過去のものとなりつつある。野党勢力の混迷振りはいうに及ばないであろう。

経済面では、規制撤廃による市場の効率性が説かれる一方で、格差是正や平等の実現に対する大衆の願望は根強い。セーフティネットは、市場が健全に機能する上で不可欠ではあるが、弱者救済という観点からむやみに導入されるならば、それはふたたび官の市場への無原則な浸潤を招きかねない。

さらに、将来の日本を担っていくべき青少年育成に関わる教育の問題を取ってみても、「公」の領域の問題に関する議論が十分に深められないままに、「学力低下」に限定された議論のみが先行し、「教育再生」の言葉が空回りしているように思われる。現場の教師が直面している問題は、生徒に「愛国心」が欠けていることではなく、学校という「公」の場に踏み込んでくる親たちの剥き出しの「私」であるという。「公共心」の問題は、近代日本が一〇〇年以上にわたって格闘してきた「個の確立」の問題にほかならない。

後藤は、これらの問題いずれにも、先駆的に、かつ深く、関わってきた人物である。しかし、後藤の思想や行動を正面から取り上げた研究は、これまでほとんどなかったといってよい。その理由としては、後藤が、顔のみえにくい官僚というポジションにあったことが、まず挙げられるであろう。政治家として活躍している時期にあっても、政党出身の個性的な政治家ほどには注目されてこなかった。また学者ではないので、単独の著作はなく、政治家が残すような日記類もない。公的な場での発言は少なくないが、そうした発言には特有の制約がある。こうしたことなどが、これまで取り上げられにくかった理由なのかもしれない。また、後藤の「秘密主義」は、当時の新聞記者にも評判が悪かったようだ。

しかし、後藤の生涯を子細に振り返ってみると、まさに現代のわれわれが直面している問題に、真剣に取り組み、彼なりに格闘した様子が浮かび上がってくるのである。評伝というスタイルによって、知られざる後藤の思想と行動を明らかにすること、そして現代社会に共通するアポリアを明確にすること、これらが本書の課題である。

本書の構成

福沢諭吉の生涯がちょうど明治維新を境に「一身にして二生を経る」ものであったように、一八八四（明治一七）年に生まれ、一九八〇（昭和五五）年に九六歳の長寿を全うした後藤の人生は、一九三二年の五・一五事件によって二分される。後藤が、既成政党批判から新日本同盟を結成し、のちに大政翼賛会設立にも深く関わっていったことを思うと、結果的に戦前の政党政治の終焉を画することとなった五・一五事件の年でその生涯が二分されることに因縁めいたものを感じざるをえない。また一九三二年は「高橋財政」のもと、「昭和恐慌」で疲弊した農村の救済事業が本格的に開始された年でもあり、その際、農相として尽力したのも後藤であった。

本書では、後藤が政治の表舞台に立つまでの時期までを、後藤の政策思想の形成期ととらえ、社会的諸事象や人的なネットワークなどとの相互関連を重視しつつ叙述する。農相時代以後については、現実の諸勢力との政治力学のなかで、後藤の思想がどのように実現していったのか、またそれがどのような限界をもっていたのかについて考察する。

以下、各章の概要を示しておこう。

第1章では、後藤の官界入りまでを扱う。大分県大分市に生まれ、大分中学校を卒業した後藤は、熊本の第五高等学校に進学し、そこから東京帝国大学法科大学へと進学する。とくに五高時代に得た友人関係は後藤の一生に大きな影響を与え続けた。五高時代の人脈に考察を加えておくことは、後藤のキャリアを考える上で欠かすことのできないものである。また当時の内務省について、大蔵省と比較しつつ検討しておく。

第2章は、後藤の内務官僚時代を扱う。入省直後の地方官時代、日露戦争後の個人主義的風潮が広まるなかで、全体としては国民国家再統合の動きが顕著になっていった。内務省が主導した「地方改良運動」もそうした動きの一つである。ここでは、「地方改良運動」を含む、広い意味での国民国家再統合の動きが、後藤の思想形成に与えた影響をみる。また約二年半にわたる欧州留学体験も、後藤の思想形成・行動原理に少なからぬ影響を与えたと思われる。ロシア革命、第一次世界大戦の終戦処理さなかでの欧州体験は、どのような影響を後藤に及ぼしたのであろうか。そして最後に、警保局長時に際会した関東大震災への対応を検討する。

第3章は、後藤などの内務省若手官僚を中心に設立された新日本同盟の組織・理念・活動を中心に叙述する。彼らの活動の大きな目標の一つは、政党政治の刷新であった。大正時代の「新体制運動」が、その刷新の対象とした政党政治の「腐敗」とは何であったのか。また同時に、明治神宮造営事業を契機として全国の青年が動員され、やがて全国の青年団活動を統合する動きが活発化し、後藤も生涯を通じて青年団活動に大きく関わっていく。後藤の青年教育に対する考え方も含めて考察したい。

第4章は、後藤の台湾総督府総務長官時代(1)の活動を取り上げる。後藤は、加藤高明内閣、そし

台湾総督府総務長官時代の後藤文夫
（森有義『青年と歩む後藤文夫』日本青年館、1979年、210頁）

て憲政会の若槻礼次郎内閣と二つの内閣の下で、伊沢多喜男、上山満之進と二人の台湾総督に仕えた。台湾総督府は、植民地経営の全般をおこなう任を負っているのであるから、事実上、後藤はここではじめて従来の畑である治安・警察行政以外の仕事を担当する。「牧民官」としての内務官僚の〝上がり〟は、各府県知事であるのが通常であったが、後藤は知事経験をもっていない。その意味では、植民地台湾においてナンバー・ツーの座についたこの時期は、後藤の官僚としてのもっとも晴れがましい時期であったともいえる。

第5章は、総務長官を更迭され、帰国したのち、浜口雄幸内閣と新日本同盟、青年団活動との関係をみておく。台湾総督府時代に、伊沢多喜男の影響を強く受けた後藤は、在野の活動を通じても浜口民政党政権をサポートする活動を展開していった。後藤自身、生涯、政党には所属しなかったが、明らかにこの時期においては、民政党寄りの考え方を保有していた。

第6章と第7章は、後藤が農相・内相として国政に携わった時期を扱う。「新官僚」のホープとしての後藤が、どのような政策思想に基づいて政策を実行していったかをみる。

マクロ経済のレベルでみた場合、「昭和恐慌」期のデフレからの脱却は、高橋是清蔵相によるリフレーション政策によって達成されたが、[2]当該期内閣の最重要政策課題は、「農村の危機」にどのように対処していくかにあった。いわゆる「高橋財政」は、この農村問題対策の一環として時局匡救事業をおこなった。しかし後藤は、時局匡救の応急的政策のみでは農村問題は解決されないと考え、浜口内閣時から展開されていた農村の「自力更生運動」を取り込み、上からの「経済更生計画」および「産業組合拡充五カ年計画」を実施していった。後藤農政の中心であったこれらの「計画」は、どのような理念に基づいておこなわれたのか。そして、後藤が目指した「理想の社会」はどのようなものだったのであろうか。一九二〇年代から政党浄化、党弊除去を目指してきた後藤は、続く内相時代には「選挙粛正運動」を指揮する。農相時代の「経済更生計画」なども、農村の組織化を通じて地方における政党色を排除し、国民運動組織の中核を形成していこうとする試みの一つであった。

五・一五事件から二・二六事件へと至る、まさに日本の現代史における画期としてのこの時期に、一貫して閣僚の地位にあった人物は、実は、後藤以外にいない（高橋蔵相は、周知のように一時、藤井真信に交代している）。その意味でもこの時期の後藤の思想と行動を明らかにすることはきわめて重要であると考えられよう。

第7章後半では、二・二六事件後に政治の表舞台から退いた後藤も関わった近衛文麿の「新体制運動」について、昭和研究会との関連も視野に入れながら考察する。しかし、日米開戦から敗戦に至る過程のなかで、後藤が活躍する場は、翼賛選挙などに限られていった。

第8章は、戦後の後藤の思想と活動を、戦前期からの連続性という観点から、既存政党批判者としての緑風会での活動、都市と農村の格差解消を目的とした産業道路開発の活動、そして青年団活動を取り上げて検討する。戦後の後藤の活動は、「新官僚」のホープとしてもてはやされた戦前期の活動に比べれば地味なものであったかもしれないが、その思想・理念は、なお強固に維持されていた。

注

（1） 後藤の早過ぎた出世によって、正式任用の基準に若干届いていなかったため、正確にいうならば、最初は「見習」での赴任であった。しかし、本書では、台湾に赴任していた時期を、台湾総督府総務長官時代とする。

（2） 岩田規久男編『昭和恐慌の研究』（東洋経済新報社、二〇〇四年）は、高橋是清蔵相のリフレーション政策が昭和恐慌のデフレからの脱却にもっとも重要であったことを実証的に論じた。

目次

第1章　日露戦後社会と内務官僚

1　生い立ちと少年時代

大陸雄飛の夢

後藤文夫は、一八八四（明治一七）年三月七日、現在の大分県大分市長池町（現在、大手町）に、父義知、母クリの五男として生まれた。義知、クリ夫妻には男七人女五人計一二人の子供が生まれたが、結局生き残ったのは五男の文夫と七男の義夫の二人だけであった。弟の義夫は、九歳のときに親戚の医者の立川家の養子となったため、文夫が後藤家の後を継いだ。

文夫の祖父の東策は、下級武士の身分ではあったが、その才能によって郡奉行に登用された。そのため後藤の家計は比較的恵まれたほうであったようである。父の義知は、杵築《きつき》藩から当時有名であった毛利空桑(1)の塾に遊学していたが、養子として後藤家に入り、維新後には、大分県庁に奉職し、地方課課長まで昇進した。しかし、文夫が八歳のとき病気のため亡くなっている。文夫は、以後、母の手ひとつで育てられた。母は正直で信仰心に篤く、上下身分の分け隔てをしない人であったという。文夫は、小学生のときにこの母に「わきゃぁがり者（子供のくせに大人を小馬鹿にした生意気な態度をもった者をいう大分の言葉）と近所の人がうわさしているから気を付けなくてはならない」と厳しくたしなめられた（森有義『青年と歩む後藤文夫』日本青年館、一九七九年、四〜五頁、以下伝記と略記し、伝記からの参照・引用はすべて頁数のみ記す）。後年、出世してからの後藤に関するエピソードになかに、誰に対しても丁寧に応接したという話がしばしば出てくるが、こうした性格は、幼少期の母の躾の賜物であったのかもしれない。もっとも、才能をもちながらそれを表に出すことは控えて、でしゃばらないという慎重さは、のちに官僚として培われたものでもあろう。

　文夫は、一八九〇年、大分師範付属小学校（現在の大分大学教育福祉学部附属小学校）に入学し、一八九六年三月に卒業、県立大分中学校（現在の大分県立大分上野丘高等学校）に合格した。大分中学校の八歳年下の後輩に、戦前の無産政党指導者で、のちに「新体制運動」にも深く関わる麻生久（一八九一〜一九四〇年）がいる。また戦後、第一八代の日銀総裁に八年余も君臨し、蔵相も経験した〝法王〟一万田尚登《いちまだひさと》（一八九三〜一九八四年）は、麻生のさらに二級下であった。

　大分中学校は、現在のその校名からもわかるように、小高い丘の上にあり、文夫は毎日弁当をもって自宅から二キロの道のりを歩いて通った。この頃、文夫は器械体操などの運動を熱心にやり、体を鍛えた。また水泳も得意であった。ちょうど日清戦争直後のことであり、子供たちの間に海軍熱が高まり、文夫も一時海軍兵学校への進学を考えていたこととも関係しているのかもしれない。しかし、親一人子一人の家庭環境がそれを許さず、早い段階で海軍への道を断念している。

もう一つ、この頃の中学生の心をとらえたのが、大陸における孫逸仙（孫文）の三民主義による革命運動であった。孫文は、一八九四年にハワイでの興中会を組織し、翌年には広州で蜂起し、失敗した。しかし、ロンドン亡命中に著した『倫敦被難記』などによって、孫文の動向は世界中が注目する存在となっており、日本でも大きく報じられていた。文夫もその頃の仲間とともに〝大陸雄飛〟を夢みるが、やはり家庭の事情から大陸へ渡ることを断念し、「内地でがんばる」と誓ったという（九頁）。そのときの文夫の友人二人が、のちに東亜同文書院の第一回留学生となった一宮房次郎と、同じく第二回の留学生となった井坂秀雄であった。一宮は、東亜同文書院を卒業後、大阪朝日新聞社を経て、民政党代議士となり、政治家として活躍した。また井坂秀雄は、実業家として成功したほか、東亜同文書院の学生に課された調査研究報告として、『吉林東南部調査資料』（一九一一年）などを書いている。

「日露戦後世代」

当時の青少年が、革命思想に共鳴したり、〝大陸雄飛〟の夢を抱いたりしたのは、それほど珍しいことではなかった。たとえば、後藤と直接的な繋がりはなかったが、のちに革命思想家となっていく北一輝は一八八三（明治一六）年生まれで、後藤より一歳年上である。北もまた幸徳秋水や堺利彦らの社会主義運動に共鳴して、佐渡から上京し、早稲田大学の聴講生として籍をおきながら、『国体論及び純正社会主義』（一九〇六年）を書き上げ、やがて中国革命同士会に入党して上海に渡り、活動する。一九一九（大正八）年、上海で著した『国家改造案原理大綱』（『日本改造法案大綱』と一九二三年に改題）は、のちに二・二六事件の決起将校たちにも影響を与えたといわれ、北が銃殺刑に処される理由の一つとなった。

また、同じく昭和初期の革命思想家として名を残す大川周明も、一八八六年生まれで年齢的には後藤の二歳年下である。大川の出身地は山形県の酒田であるが、酒田は維新以来、〝西郷びいき〟が多い土地柄であり、したがって第五高等学校に憧れるものが多かった。もともと国士的な肌合いもあった大川が、わざわざ第五高等学校に進学したのも、そうした環境によるものであった。したがって、同時期に後藤と大川は、第五高等学校に籍を置いていたことになる。そのほかにも、後藤と大川には因縁がある。大川は、一九一三年にヘンリー・コットンの『新印度』に偶然出会い、アジア主義の思想に目覚め、やがて『印度に於ける国民的運動の現状及び其の由来』

（一九一六年）を書くのだが、この著作を発禁処分にしたのが、当時内務省警保局で図書課長を兼任していた後藤文夫であった。

雑誌『大日本』（一九一八年九月号）に載った大川の人物評は、「［後藤――［　］内は引用者、以下同］氏は同じ高等学校出身の先輩として、大川氏の為人を知つて居た、而して大川氏が普通の浪人志士と選を異にせる所以を激賞したのであつたが、［大川の］知己は敵人にも之れある哉である」（大塚健洋『大川周明と近代日本』木鐸社、一九九〇年、一二七～一二八頁）と伝えている。やがて五・一五事件を煽動した大川は、めぐりめぐって結果的に後藤大臣の誕生を促したともいえるのであるから、奇縁である。

いずれにせよ、彼らが生を受け青春時代をすごした一八八〇年代後半から九〇年代前半は、まさに日本が近代工業国家として順風満帆に発展していくかにみえた時代である。しかし、彼らが大学を卒業する頃あたりから次第に、日本社会にはさまざまな矛盾が露呈しはじめていた。日露戦争後に社会に出て、そうした諸矛盾に直面していくことになる第一世代を、「日露戦後世代」と呼んでよいであろう。

のちに「新官僚」あるいは「革新官僚」と呼ばれるようになる人々も、自らをそう名乗ったことはないが、いずれも明治以来の急速な工業化・近代化のなかで諸矛盾が社会の表面に目立ちはじめた頃に官僚となり、やがて左右いずれの場合においても、社会の「改造」や「革新」を自らが主導し、積極的に行動を起こしたことに共通点をもつ。後藤もまたそうしたエリート官僚の一人として、やがて覚醒していくことになる。

2 五高から東京帝大へ

五高時代の人脈

文夫が通った大分中学校は県内で唯一の中学校であり、当然、優秀な学生が多く集ってきていた。こうした中学校における知的環境は、文夫の人格形成に大きな影響を与えたであろう。それはやがて文夫が、第五高等学校に進学することでさらに強化されていった。

文夫が、中学校を七番の成績で卒業し、熊本の第五高等学校に進学したのは、二〇世紀の最初の年のことであった。この年、福沢諭吉は、慶應義塾で「二〇世紀歓迎会」を挙行し、二月三日に六六歳の生涯を閉じていた。時代は大きく変わろうとしていた。

四年間の高校生活は、親元を離れての寄宿舎生活であったが、文夫は、そこでのちの人生にとって重要な人脈を築いていった。当時の日本のエリートたちが、旧制高校と大学の人脈で非常に固く繋がっていたことはいうまでもないが、同じ旧制高校のなかでも、第一高等学校と第三高等学校、そしてこの第五高等学校と山口高等学校はとくに政治家志向が強かった。一高、三高は、関東と関西をそれぞれのエリートを集めるために作られたエリート校であるから当然であるが、五高、山口高は、それぞれ薩摩（九州）と長州の地元ということもあって、政治家志向がもともと強かった。

五高出身の著名政治家を大臣経験者に限って列挙すると、後藤以外には、池田隼人、佐藤栄作の二人の総理大臣経験者をはじめ、先の一万田尚登（大蔵大臣）、重光葵、谷正之（外務大臣）、荒木万寿夫、小橋一太（文部大臣）、山崎巌、大麻唯男（内務大臣）、小林武治（郵政大臣）らがいる。

このうち小橋一太は後藤よりも四歳上、大麻唯男は五歳下で、ともに同時期の民政党の政治家である。ほぼ同世代といってよいだろう。荒木万寿夫、小林武治は池田隼人の同級生であるから、世代的にはずっとあとになる。後藤は生涯政党には属さなかった。しかし、だからこそ、学校や役所で形成したこれら同期や先輩後輩の繋がりは無視できない。

ところで、大麻唯男は、五高時代の後藤の大人振りを回想して語っている（一九頁）。後藤の名前は、当時面識がなかった後輩たちの間にも広く知られていたのである。

大麻自身は、一九一四年に東京帝国大学法科を卒業後、後藤と同じく内務省に入省した。一九二四年に小橋一太の推挙により、清浦奎吾首相秘書官になっているので、役人務めはそう長くはないが、警察畑を歩いてきているので、同時期に警保局にいた後藤とはこの頃に知り合ったものと思われる。しかしその後、政友本党から衆議院議員総選挙に立候補して当選を果たし、以後は民政党の政治家として活躍した。民政党では、党幹事長、同筆頭総務などを歴任し、とくに第三代総裁の町田忠治にはかわいがられた。ただ、一九四〇（昭和一五）年、町田が民政党の解党に最後まで抵抗したのに対し、大麻は裏で軍部と手を握って新体制運動に民政党を合流させた。大政翼賛会が発足すると、議会局議事部長に就任し、一九四二年には翼賛政治体制協議会委員となり、翼賛選挙の推薦候補選考に関わった。一九四三年、東條英機内閣の国務大臣として入閣、「東條の茶坊主」と呼ばれ、翼賛体制の枢要を担ってきた親軍派政治家としてその名が知られた。

後藤自身が、伝記において五高時代の同級生、上下級生として名前を挙げているのは、以下の九人である。

「五高時代の同級生には田沢義鋪《よしはる》、橘樸《しらき》がいた。明治製糖の社長をした藤野幹、商工省の役人になった川久保周吉、検事になった岩松厳重などもいた。滝正雄（後に貴族院議員）、高田保馬（後の京都大学教授）は私が三年生のときに一年生であった。一級上には小島佑馬（後に京都大学教授）、花田大五郎（後に大分大学学長）[2]などの諸君がいた」（二二頁）。

このうち後藤の親友と呼べる第一の人物は、田沢義鋪である。五高入学と同時に学則によって禁酒宣誓させられた後藤たちは、先輩に酒を勧められ、酒を飲んでいるところを舎監にみつかり、田沢のみが退学処分となった。後藤と橘は、ほかの級友たちとも一緒に校長と掛け合って、一年後の田沢の復学を認めさせたが、橘はそのまま退学してしまった。中国古代史の権威で、のちに満鉄調査部の顧問となり、「満洲」建国のイデオローグとして活躍した橘らしいエピソードである。それはともかく、田沢はこの一件で後藤らの一級下ということになってしまった。

盟友・田沢義鋪

のちに新日本同盟や青年団活動を通じて、後藤と親密な協力関係にあった田沢義鋪は、一八八五（明治一八）年七月二〇日、佐賀県藤津郡鹿島村高津原（現・鹿島市）に父義陳《よしのぶ》、母みすの長男として生まれた。五高卒業後は、東京帝国大学法科大学政治学科を卒業し、内務省に入省。静岡県属を経て一九一〇年八月、二五歳の若さで同県安倍郡長に任ぜられた。田沢はこの郡長時代に農村青年教育に意を注ぎ、農村を基盤とする青年団育成に尽力した。その後、さらに活動範囲をひろげ、修養運動とも連携し、農村青年の人間形成を目的とする天幕《てんと》講習会などをひらき、全国的青年団運動の下地を作った(3)。

青年団運動の全国的統一の動きは、明治神宮造営のための青年団による勤労奉仕を契機として、のちの大日本連合青年団の結成、全国の青年一人一円募金による日本青年館建設などとして結実していった。後藤も、協力してこの青年団の全国組織作りを手伝った。

また田沢は、一九二〇（大正九）年に財団法人協調会の常務理事に就任、青年団の経験を活かして労務者講習会をひらき労使協調を図った。さらに一九二二年には第四回国際労働会議に労働代表として出席している。この前後より政治に具体的に関わりをもちはじめ、後藤とともに一九二五年の新日本同盟の設立に関与した。同年一月新政社を創立、雑誌『新政』を創刊するとともに、五月には彼がかつて郡長として青年団を育成した静岡県第三区より衆議院議員に立候補し、理想選挙を戦って惜敗した。その後、八月に協調会理事を辞任し、一〇月に東京市助役に就任した。

田沢は、一九二四年に結成された大日本連合青年団に理事として就任し、翌年一〇月日本青年館開館式に「道の国日本の完成」と題する有名な記念講演をおこなっている。一九二九（昭和四）年には壮年団期生同盟会を創立し、一九三一年には都下武蔵小金井の浴恩館に青年団指導者養成所を開設し、全国の中堅青年たちを集めて長期講習会の指導に自らがあたった。さらに、一九三三年には田沢の親友下村湖人を講習所長に迎えている。一九三四〜一九三六年まで日本青年館理事長を務め、一九四四年に五九歳で没した（成田久四郎著『社会教育者事典』日本図書センター、一九八九年、田沢義鋪の項目を参照）。

このように田沢は、生涯を通じて社会教育、なかんずく青年教育に携わった人物であった。もちろん、後藤の思想を考える際に、過度に人脈を重視した解釈は避けねばならない。当然、後藤と田沢には考え方の違いもあった。しかし、同じ内務官僚出身者として、新日本同盟の同志として、そして、青年団の活動を通じて、その行動をともにした後藤と田沢の思想に、共鳴する部分が多かったと考えることは、むしろ自然であろう。

東京帝大時代

後藤の五高時代の成績は、落第すれすれのひどいものであったようだが、かろうじて留年だけは免れた。しかし、卒業さえすれば、帝国大学には無試験で進学できるのが、旧制高校卒エリートのエリートたるゆえんである。後藤も、一九〇五（明治三八）年九月に東京帝国大学法科大学政治学科に進学した。ちなみに当時の東京帝大にはまだ経済学部はなかったが、後藤が卒業した一九〇八年七月に法科大学政治学科が政治学科と経済学科の二科体制に移行している。さらに一年後に商業学科ができ、経済学科と併せて経済学部として独立するのは一九一九（大正八）年のことである。さまざまな意味で「経済問題」が脚光を浴びつつあった時代であり、それが東京帝大の学部改組にも繋がっていった一つの理由である。[4] ちなみに経済学部ができたとき、「法学部は定員割れを起こして入試なしの全員入学になり、他方で経済学部は定員をはるかに超過するという珍事も起き」た（水谷三公『日本の近代13　官僚の風貌』中央公論新社、一九九九年、二七三頁）。

その後、東京帝大では、社会主義や共産主義の「思想」が広まっていくと同時に、右翼国粋主義系の学者もまた台頭してくるが、後藤が在学中であった日露戦争直後の東京帝大はまだ比較的静穏であった。ただし、東京帝大への進学者がもっとも多かった一高では新渡戸稲造校長（在任一九〇六～一九一三年）が、青少年に深い影響を及ぼし、やがて新渡戸の薫陶を受けた若者たちが、官界に進出していった。

たとえば、内務省の前田多門や鉄道院・鉄道省の鶴見祐輔、大蔵省の青木得三、農商務省の吉野信次、河合栄治郎（のちに東大教授）らは一高弁論部部員として新渡戸の影響を強く受けたといわれる。またのちに新日本同盟設立に後藤とともに参画し、斎藤実内閣成立時には組閣参謀として後藤農相擁立に動く丸山鶴吉や、後藤の第一の「子分」といわれた堀切善次郎（いずれも内務省入省年次が後藤の一つ下）も新渡戸スクールの人々と同様、「社会的開明派官僚」として注目された（同上、二二七〜二三〇頁）。

また彼らよりはややあとになるが、同じように新渡戸に感化されて、学習院高等科に進学せずに一高・東京帝大に進学し、さらに河上肇に師事するため京都帝大に転学した人物に、近衛文麿がいた。

とはいえ、後藤が大学時代にこれらの人々との交わりから「社会問題」に対して目覚めていったわけではないようだ。残念ながら、大学時代の後藤の交友関係を詳しくは知りえないが、友人としては、のちの中央公論の黄金時代を築いた滝田哲太郎（樗陰《ちょいん》）などがいた。滝田は、一九一六年、大正デモクラシーの記念碑的論文となった吉野作造の「憲政の本義を説いて其有終の美を済すの途を論ず」を載せ、中央公論の総合雑誌としての地位を確立していった名編集者として知られている。しかし、滝田も後藤以上に勉強には熱心ではなかった。おそらく後藤とウマが合ったのであろう。回想によれば、滝田はたまに出席してくると、後藤からノートを借りて試験に臨んだらしい（二八頁）。

そのようなわけで、周囲には新しい時代を予感させる空気が漂い始めていたにもかかわらず、後藤自身はそれに案外無頓着であり、成績も相変わらずの抜群にできたとはいいがたく、卒業時の席次は六番か七番であった。当時の内務省は上位六番までを採用する方針であったので、後藤の席次はギリギリであったことになる。

ただ、後藤自身は、最初から入省を願っていたわけではなく、台湾か朝鮮に行きたいという希望をいだいていた。そこで、穂積陳重教授に相談したところ、(5)児玉源太郎朝鮮総督府長官に話をしてくれたという。しかし、「総督府では新卒はとらないということだから、まずは内務省に勤務してみてはどうか」と、当時大臣秘書官であった水野錬太郎を紹介され、それで内務省に決まったと伝記は伝えている（八〇〜八二頁）。そして、内務省入省後に後藤は、高等文官試験を受験し、見事に一番で合格している。(6)後年、後藤は台湾総督府総務長官に任ぜられて植民地行政に携わることになるので、「台湾か朝鮮に行きたい」という夢もかなえたことになるであろう。後藤と同期の高文合格者は全部で一〇六名であったが、そのなかのおもだった人物には、のちに後藤とともに「経済更生計画」に関わる、〝農政の神様〟石黒忠篤《ただあつ》や、社会福祉事業に尽力した田《た》子一民《こいちみん》などがいた。

3　内務官僚・後藤文夫の誕生

戦前期の内務省

後藤が内務省に入省する二年前の一九〇六（明治三九）年、桂太郎が政権を政友会の西園寺公望に禅譲し、第一次西園寺内閣が成立する。以後、一九一三（大正二）年の「大正政変」によって第三次桂内閣が倒壊するまで、政権は桂と西園寺が交互に担当する。この時代に三期五年間にわたって、内相を務めたのが、原敬であった。原は、「新進抜擢」と「老朽淘汰」のスローガンを掲げて、官僚人事に積極的に容喙し、それまでの藩閥官僚を淘汰し、政党と官僚との関係を一変させていった。

なかでも内務省は、政党との関係によってもっとも人事に影響を受けやすかった。大正のはじめ、内務省は、大臣官房のほか、神社局、地方局、警保局、土木局、衛生局の五局体制（一九一三年、宗教局が文部省に移管）であった(7)。閑職の一種とみなされた神社局を別にすれば、地方で圧倒的な権力を奮った府県知事の人事を左右する地方局が内務省の主流であったからである。当然、政治家や政党も知事のポストには関心が高かった。また、政党との関係が強まっていくなかで、選挙運動を含めた政治活動の取り締まりを担当し、かつ地方の警察署長をはじめとする警察人事に影響力を及ぼした警保局、そして選挙民の経済的利害を直接誘導することのできる各種公共土木事業の「箇所付け」（優先順位を決定し、施工業者を選定する）を指揮した土木局が重要性を増していった。

後藤自身、内務省が中央の各省にも影響力を及ぼしたことの大きな理由の一つとして、地方団体に対する監督権、とくに地方財政監督権をもっていたことを指摘しており、これが内務省本来の仕事である土木・衛生はもちろん、他の文部省・農林省・商工省あるいは交通行政関係者に対しても内務省の立場を非常に強くしたと述べている（大霞会内務省史編集委員会編『内務省史』第四巻、大霞会、一九七一年、一八五頁）。

政党による人事を「党色人事」といい、「党色人事」による「党弊」は、とくに原内相（第一次）のあとの平田東助内相による「報復人事」の頃から指摘されていたが、政党内閣の全盛期になるとそれはもっとも露骨な形で現れた。後藤は、関東大震災のときの警保局長を最後に内務省を辞したが、台湾総督府総務長官更迭の際には、田中義一政友会内閣のもとで「腕の喜三郎」の異名を取った元司法官僚の鈴木喜三郎内相の「腕」によって首を切られている（第4章を参照）。鈴木喜三郎は、それまで内務省とは縁が薄く、また治安対策法問題で内務省に対抗心・敵愾心を燃やしていたということで、多くの内務官僚の首がすげ替えられた。

こうした政党による官僚人事への介入が、のちに「新官僚」グループによる反抗を生んだことは否定しがたい。後藤が農相として入閣した斎藤内閣時代には、文官任用令の改訂が成立し、官吏の身分保障が強化された（いわゆる官吏身分保障法の成立）。

また官僚の側でも、政党の顔色をうかがう傾向が強くなったことが、政党内閣時代の弊害として指摘される。いわゆる「官僚の政党化」である。水谷三公は、大蔵官僚の昇進基本ルールが「政党色を避けよ」であったのに対して、「政党色がつかなければ出世は難しい」が、内務省の昇進基本ルールであったと述べている。確かに、官制が一応の安定をみた一八八六（明治一九）～一九四七（昭和二二）年までの各省の次官就任数は、内務省がもっとも多い。局長クラスの異動となると、内務省と大蔵省との差はもっと広がる。それだけ、内務省主要ポストが政党人事に左右されていた証左でもあり、官僚もそれに呼応した行動を取った結果であるといえよう（水谷三公、前掲、一六八～一六九頁）。

こうした「党色人事」「官僚の政党化」が進めば、いきおい官僚は、専門的な勉強を熱心にこない仕事をこなしていくことよりも、調整的な仕事に力を注ぐことになってしまいがちである。そうした「人あしらい」に長けた官僚が、出世街道を上っていくことができたのだということもできる。後藤がキャリアを積み上げていった警保局などは、各地方の警察人事を主たる仕事とする部局であるから、余計にそうした傾向が強かった。

「新官僚」と「革新官僚」

さて、これまで何度か「新官僚」あるいは「革新官僚」という言葉を使い、「日露戦後世代」

表1－1　後藤の内務省入省から田中義一内閣までの内閣と内相（所属政党）

期　間	内　閣	内　相
1908年7月14日～1911年8月30日	桂太郎（第2次）	平田東助
1911年8月30日～1912年12月21日	西園寺公望（第2次）（政友会）	原敬（政友会）
1912年12月21日～1913年2月20日	桂太郎（第3次）	大浦兼武
1913年2月20日～1914年4月16日	山本権兵衛（第1次）	原敬（政友会）
1914年4月16日～1916年10月9日	大隈重信（第2次）	大隈重信
		大浦兼武（立憲同志会）
		一木喜徳郎
1916年10月9日～1918年9月29日	寺内正毅	後藤新平
		水野錬太郎（政友会）
1918年9月29日～1921年11月13日	原敬（政友会）	床波竹次郎（政友会）
1921年11月13日～1922年6月12日	高橋是清（政友会）	床波竹次郎（政友会）
1922年6月12日～1923年9月2日	加藤友三郎	水野錬太郎（政友会）
1923年9月2日～1924年1月7日	山本権兵衛（第2次）	後藤新平
1924年1月7日～1924年6月11日	清浦奎吾	水野錬太郎（政友会）
1924年6月11日～1926年1月30日	加藤高明（憲政会）	若槻礼次郎（憲政会）
1926年1月30日～1927年4月20日	若槻礼次郎（第1次）（憲政会）	若槻礼次郎（憲政会）
		浜口雄幸（憲政会）
		安達謙蔵（憲政会）
1927年4月20日～1929年7月2日	田中義一（政友会）	鈴木喜三郎（政友会）
		田中義一（政友会）
		望月圭介（政友会）

として一括りに扱ってきた。しかし、一九〇八（明治四一）年にそのキャリアを出発させた後藤らの世代と、それから約一〇年後に中央官僚として出発し、一九三〇年代から四〇年代にかけて局長、次官クラスの要職にあった世代とを区別しておいたほうが良いだろう。なぜならば、大学制度が整備され、高等文官試験合格者のキャリア・パスが整備されてくると、入省年次がその後の官僚としての思考様式や行動パターンに大きな影響を与えていったからである。もちろん人事レースであるから、抜擢されたり左遷されたりといったケースもある。しかし、ある程度のパスができあがったからこそ、それが「出世」としてとらえられたり、逆に「左遷」としてとらえられたりという意識も出てくるのである。藩閥に代わって学閥、学閥が同じでも成績の順位、そして最後に人的なコネクションや政党による猟官がくる。おおむね、一九一〇年代に入省し、政党政治に批判的であり、修正資本主義的な政策を進めていった一群の人々を「新官僚」、一九二〇年代に入省し、戦時中に頭角を現し、場合によっては体制変革をも指向した人々を「革新官僚」とし、そのなかでの個人ごとの相違や特徴、関係を析出していった方が、わかりやすい。

新官僚・革新官僚研究の第一人者の一人である古川隆久は、『昭和戦中期の総合国策機関』（吉川弘文館、一九九二年）で、以下のように「新官僚」と「革新官僚」を分類している（同上書、一八〜一九頁。なお、挙げられている「新官僚」「革新官僚」は、小平権一が農学部卒業後に法学部に入学し直している以外、全員東京大学法学部卒であり、以下、（ ）内は卒業年を示す）。[8]

今、この分類にしたがっておくと、「新官僚」としては、内務官僚の吉田茂（一九一一年）、松

本学（一九一一年）、唐沢俊樹（一九一五年）、安井英二（一九一六年）、大達茂雄（一九一六年）、安倍源基（一九二〇年）。農林官僚では、石黒忠篤（前出）、小平権一（一九一〇年農、一九一四年法）。商工官僚では、吉野信次（一九一三年）などがいる。

一方、「革新官僚」では、商工官僚の岸信介（一九二〇年）、椎名悦三郎（一九二三年）、美濃部洋次（一九二六年）。鉄道省の柏原兵太郎（一九二四年）、逓信官僚の奥村喜和男（一九二五年）、大蔵官僚の毛利英於兎（一九二五年）、迫水久常（一九二六年）などがいた。

このほかに古川は、「新官僚」周辺の人物群として、大蔵官僚の石渡壮太郎（一九一六年）、青木一男（一九一六年）、賀屋興宣（一九一七年）、星野直樹（一九一七年）、内務官僚の松井春生（一九一六年）、商工官僚の植村甲午郎（一九一八年）、同じく「革新官僚」周辺の人物群として、農林官僚の重政誠之（一九二三年）、和田博雄（一九二五年）、山添利作（一九二六年）、内務官僚の栗原美能留（一九二五年）、菅太郎（一九二八年）、内閣の内田源兵衛（一九二五年）を挙げている。

後藤は、「新官僚」でもっとも入省年次が早く、しかも高文席次トップであったからこそ、大臣にも早く就いた。戦前期、「新官僚」「革新官僚」と呼ばれた上記の人々のなかで大臣のポストを得ることができたのは、吉田茂、安井英二、石黒忠篤、吉野信次、岸信介であった。そのなかでも後藤がもっとも早く大臣ポストを得ており、しかも二・二六事件前の就任は、後藤のみである。その意味でも後藤は、「新官僚」のホープであった。

注

(1) 幕末・明治の儒者。豊後の生まれ。名は倹、字は慎甫、通称は到。はじめ脇蘭室に学ぶが、その後帆足万里の門に入る。亀井昭陽に就いて学を修め、私塾を開いて文武両道を教授した。また尊王攘夷を唱え、国事に奔走した。

(2) 後藤の長男・正夫の二代前の学長。正夫は統計学者であり、行政管理庁、統計基準局長、大分大学学長を経て、一九七九年には父と同じ地盤から参議院議員となり、一九八九年の第一次海部俊樹内閣では法務大臣を務めた。一九九二年に政界を引退し、二〇〇〇年、八六歳で亡くなっている。

(3) 田沢と修養団、協調会での活動については、木下順「日本社会政策史の探求（上）――地方改良、修養団、協調会――」（『国学院経済学』四四巻一号、一九九五年）を参照せよ。

(4) もう一つの理由は、原内閣による高等教育の充実政策による。一橋大学の前身である東京高等商業学校が、東京商科大学に昇格したのは、一九二〇年であった。

(5) この頃、東京帝大には就職斡旋教授が何人かいた。穂積もその一人であった。

(6) 当時は、採用されたのちに高等文官試験を受けることも可能であった。

(7) 日露戦後期から太平洋戦争勃発直前までの内務省機構の変遷については、副田義也『内務省の社会史』（東京大学出版会、二〇〇七年、二九頁）の機構変遷図を参照せよ。

(8) 古川は、これら「新官僚」と「革新官僚」の違いを、いくつか挙げているが、ここではともに学生時代にマルクス主義の洗礼を程度の差はあれ、何らかの形で受け、そのため「計画」や「統制」といった手段を通じての体制変革を指向していたが、「革新官僚」のほうがコミットメントの程度がやや強い傾向にあったことをとりあえず確認しておけば良いだろう。実際の思想や活動については、事例分析をいっそう積み上げていく必要がある。

第2章　地方官・警保局時代の経験と欧州留学

1　「地方改良運動」と国民教化

「地方改良運動」のなかで

高文合格後の後藤は、内務属で地方局勤務となった。後藤が地方畑を歩いたことがないように記述している文献もあるが、それは誤りである。警保局勤務前は、徳島県学務課、神奈川県勧業課、青森県警察部長などを歴任している。

後藤は、当時の内務省では、地方に赴任した若い内務官僚を知事が教育するという風潮があったと述べ、自分が最初に徳島県学務課に配属になった際にも、ときの渡邊勝三郎徳島県知事にしばしば官舎に呼び出され、「学務行政ばかりじゃない、地方行政に関係のあることをすべて見てこい」と教育されたと回顧している（大霞会内務省史編集委員会編、前掲、二〇一頁）。内務省の場合、若いキャリア官僚を地方行政全般に携わらせることで、ジェネラリストとして育成しようとしていた。

ところで、後藤が入省した一九〇八（明治四一）年は、「宜ク上下心ヲ一ニシ忠実業ニ服シ勤倹産ヲ治メ惟レ信惟レ義醇厚俗ヲ成シ華ヲ去リ実ニ就キ荒怠相誡《いまし》メ自彊息《や》マサルヘシ」とした「戊申詔書」が発せられた年でもある。内閣でいえば、第二次桂太郎内閣期にあたり、内務大臣は平田東助であった。前の第一次西園寺内閣では、原内相によって地方利益誘導政治がおこなわれていたが、この第二次桂内閣期には、戊申詔書の方針にしたがって規定事業の延長などの緊縮方針で財政再建が図られ、また国民国家の再統合という政治目的が強調された。「地方改良運動」もその一環であり、日露戦争の戦費負担で疲弊した町村財政を再建し、行政村と自然村の二重構造を解消して行政村を強化することを目的として運動が進められた。また、産業組合奨励や農事改良推進事業も「地方改良運動」のもとに位置づけられていた。一九〇〇年の産業組合法に基づく産業組合は、農村の協同組合組織で、信用・販売・購買・生産をおこなうことを目的に設立された。当初はなかなか組織化が進まなかったが、数次の法令改正と政府の産業組合への資金貸付の機能が整備（一九二三〔大正一二〕年に産業組合中央金庫設立）されてくると、次第にその組織率を高めていった。このような運動が展開するなかで各地の実情を地方官として実見した経験は、後藤がのちに農政の最高責任者として政策を実行していく際に影響を与えたと考えられる。

この農村の組織化に際して注目しておかなくてはならないのは、すでに民間有志の手によって組織化が進んでいた農会があり、それを政友会の原内相が上から掌握していこうとしていた一方で、この産業組合が反政友会系の色彩を帯びていたということである。のちに政友会系の農会と民政党系の産業組合は、地方の組織化のイニシアティブをめぐって対立していくことになるが、後藤は、当時から「政党はなるべく農業関係者、すなわち地主・農民を直接に政治的に掌握をしたいといったような意図があったのではないかと思うのです」と述べている（同上書、一七六頁）。

後藤は、斎藤・岡田両内閣時に、民政党系の産業組合を中心にした農村の組織化の陣頭指揮を執り、政友会系閣僚とも対立することになるのであるが、それはあとでみることにしよう。

加納久宜子爵令嬢との結婚

地方官時代に、後藤は入営して兵営生活を二年間過ごし、その後一九一二（明治四五）年七月八日に、子爵・加納久宜《ひさよし》家の五女・治子と結婚した(1)（同月三〇日に明治天皇が死去、大正に改元）。

実はこの縁組みにも、内務省による国民教化運動が大いに関係していた。というのも、二人の出会いのきっかけが、内務省の機関誌であった雑誌『斯民』の記事の取材を通じたものであったからである。「加納子爵の家庭演説会」（『斯民』第四編第四号、一九〇九年五月二八日、臨時増刊「家庭号」）と題された後藤文夫の記事は、当時、毎土曜日夜に、家族全員から使用人もすべて一室に集まり、あらかじめ指名された者が、見聞したことや感じたことを全員の前で発表する試みがおこなわれていることで有名になっていた加納子爵家の家庭演説会様子をレポートしたものであった。内務省地方局は、家庭生活のあり方に対する啓蒙活動の一環として、この加納家の晩餐会の模様を取材するよう後藤に命じたのである。

このような華族家庭のリベラルな雰囲気が、内務省機関誌を通じて模範的家族像として取り上げられていたことについては、少し説明が必要かもしれない。当時、国家の基盤には健全な家庭があり、健全な家庭には、外に出て活躍する男性（夫）と、しっかり家族を支える女性（妻）という役割分担に基づいた近代家族像が理想とされるようになっていた。そして、男女ともに習得すべき能力の一つに、「談話」を通じての「社交」の能力があった。このような家庭内の「演説」は、当時の上流の子弟教育に必須とされていた「社交」の能力を涵養し、「人格」を高めようとする「修養主義」の一環でもあったのである。(2)

加納治子と結婚したことによって後藤の岳父となった加納久宜であるが、彼もまた内務省とは関係が深かった。否、関係が深かったからこそ、若いエリート官僚の後藤が、「結婚適齢期」の娘（一八九二年生まれの加納治子は、当時、数え年で二〇歳）をもつ子爵家の取材に行かされたのであろう。

もともと加納久宜は、上総の国一宮の藩主であったが、一八九四年に鹿児島県知事として着任以来七年間にわたって西南戦争後の鹿児島の復興に尽力した名知事として知られていた。またちようどこの頃、全国の農会の組織化によって誕生した帝国農会の初代会長になり、農政にも深く関与した。さらに英国留学時に協同組合金融について学び、一九〇二年七月に、大森山王の自宅を事務所に、都内最古の入新井信用組合（現：城南信用金庫入新井支店）を設立し、信用組合の模範を示した。そのほか産業組合中央会副会頭なども務め、産業組合運動の振興に深く関与した。(3)その後、一九一二年に一宮町長となって、別荘誘致など町の基盤整備を進めたが在任中の一九一九（大正八）年に七二歳で死去した。要するに、後藤の岳父・加納久宜は、この頃政府によって主導・展開された「地方改良運動」「産業組合運動」の中心的人物の一人であったわけである。「昭和恐慌」後、後藤はまさにこの産業組合を中心とした「経済更生計画」を推進していったのであるが、この時期の「地方改良運動」に地方官として携わった経験と岳父・加納久宜からの影響がまったくなかったとはいえないであろう。

ちなみに、後藤文夫夫人となった加納治子の一歳年下の妹・夏子は、一九一一年、実業家の麻生太郎（現・麻生グループ創業者である麻生太吉の三男）と結婚している。太郎と夏子の息子である太賀吉は、のちに吉田茂の娘・和子と結婚し、長男・太郎（祖父と同名）を授かった。二〇〇六～〇七（平成一八～一九）年、安倍晋三内閣の下で外相を務めた麻生太郎、その人である。したがって、政治家・麻生太郎は、後藤夫妻の甥の息子ということになる。

雑誌『斯民』の国民教化活動

ここで後藤が加納治子と出会うきっかけとなった雑誌『斯民』についてもう少し詳しくみておこう。

『斯民』は、二宮尊徳の報徳思想によって国民教化をおこなうことを目的に、官僚・学者・経済人が加わり、一九〇六（明治三九）年に発足した報徳会（一九一〇年に中央報徳会に組織変更）の機関誌である。

中央報徳会の性格については、内務省との関連も含めて、次の金澤史男による解説が簡にして要を得ているので引用しておこう。

「中央報徳会が創設された歴史的事情を、従来の研究をも踏まえて言えば次のようになろう。すなわち、日清・日露の両戦争を経験し、万国対峙のなかで国力の多くを軍備拡張や近代産業の育成、インフラストラクチュアーの整備に投入せざるをえない状況のもとで、そうした富国強兵策を支える地方の基盤をいかに確立していくかという視点から、強力な国民運動の必要性を当時各界の有力者が強く感じ、新たな政策が模索された。その際、勤労と倹約を称揚し、各自にふさわしい支出の限度を「分度」として定め、余剰については将来に備え、あるいは他人のためにその一部を譲るという「推譲」の原理を説く報徳思想が注目され、その国家的利用が企図されたのである。それは、国家財政に有力な財源を先取された狭小な財源で財政運営を図らねばならない自治振興のレベルにおいても、後進国として国民の貯蓄を動員して急速な資本蓄積を図らねばならない国民経済のレベルにおいても、政府の施策の推進に適合的な思想として注目されたのである。また、道徳と経済の調和を唱道する報徳思想は、当時社会問題となりつつあった労使関係、地主小作人関係の軋轢に対し、その宥和を図ろうとする考え方とも親和性を持つことになった。中央報徳会の中心メンバーをなす評議員の多くが社会政策学会の会員であることに、それが示されている。つまり、内務省を中心とする官僚層、財界関係者、学者・教育者グループを糾合して成立した、「産官学を縦断する国民運動プロジェクト」であり、「地方改良運動」特に精神運動面での推進母体としての地位を固めていった組織であった」(金澤史男「解説」『斯民』目次総覧〈新版〉』不二出版、二〇〇一年、一二～一三頁)。

後藤も地方官時代に、民情視察のために地方への出張をたびたび命ぜられており、農村の実情や指導者の姿を、出張報告としてこの『斯民』に寄稿している。またその後も『斯民』に寄稿、あるいは座談会に参加するなど、内務大臣を辞めるまで計一八回にわたって、後藤の名前を『斯民』誌上に認めることができる。

初出は、一九〇九年四月二三日発行の第四編第二号である(この号は創刊三周年を記念した臨時増刊号となっている)。後藤は、この記念号「自治民政」の項に「土佐の義民村」という題の一文を寄せている。また同じ号には「論説講話」として、報徳会同人で文部次官の岡田良平が「回顧三年の感」を、三井銀行専務理事でのちの満鉄総裁の早川千吉郎が「既往三年を回顧す」を、後藤と同じく内務省からはほかに参事官の小橋一太が、「都府に近接せる小村の研究」を、それぞれ書いている。

以下、後藤が『斯民』に書いたもののタイトル、掲載時の肩書き、発行年月日を各々掲げておく。

・「加納子爵の家庭演説会」（法学士、第四編第四号、一九〇九年五月二八日、臨時増刊「家庭号」）
・「干潟八万石」（法学士、第四編第一〇号、一九〇九年一一月三日）
・「五十年間公職に在りし老村長」（徳島県事務官、第四編第一三号、一九一〇年二月七日）
・「独逸ドレスデン市公立貯蓄金庫の活用」（本会名誉賛襄会員神奈川県事務官、第八編第二号、一九一三年五月七日）
・「青年の読物に対する警戒」（内務書記官、第一一編第七号、一九一六年一〇月一日）
・「華府に於て観たる米国気質の一端」（内務書記官、第一五編第三号、一九二〇年三月一日）
・「文明を支配する人格の躍進」（第一九編第一号、一九二四年一月一日）
・「地方自治と政党に就ての座談会」（ほかに蝋山政道、堀切善次郎、高橋清吾、高木亥三郎、

添田敬一郎、安井英二、佐上信一、清水澄、末松偕一郎、田中広太郎、狭間茂、桑田熊蔵、第二四編第一号、一九二九年一月一日）
・「紀元節の家庭祝祭化を提唱す」（第六回建国祭委員長、第二六編第二号、一九三一年二月一日）
・「御諚の小金井遠乗」（貴族院議員、第二六編第三号、一九三一年三月一日）
・「教育制度の改革に就て」（貴族院議員、第二六編八号、一九三一年八月一日）
・「新聞紙と輿論」（貴族院議員、第二七編第一号、一九三二年一月一日）
・「地方官吏身分保障座談会」（ほかに大森佳一、水野錬太郎、伊沢多喜男、潮恵之輔、水町袈裟六、石原雅二郎、矢作栄蔵、山田準次郎、堀切善次郎、第二七編第八号、一九三二年八月一日）
・「世界に誇るべき我等の二宮翁」（農林大臣、第二八編第六号、一九三三年六月一日）
・「政治道義の確立」（内務大臣、第三〇編第八号、一九三五年八月一日、「選挙粛正特輯号」）
・「選挙粛正を国民に期待す」（内務大臣、第三〇編第九号、一九三五年九月一日）
・「二宮尊徳先生を偲ぶ」（内務大臣、第三〇編第一二号、一九三五年一二月一日）

以上、後藤の寄稿数はそれほど多いものとはいえないかもしれないが、草創期から一貫して関係があったことに間違いはない。論説の内容については、その都度の必要に応じて後述することにするが、一言付け加えておけば、後藤がのちに深く関与することになる青年団活動も、中央報徳会の活動と無縁ではなかった。というのも、中央報徳会の青年部機関誌として一時『帝国青年』が発刊され、これがのちに財団法人日本青年館の機関誌『青年』に引き継がれていくことになるからである。関与の程度からいえば、青年団活動を中心にしていた後藤だったが、中央報徳社会の推進していった国民教化運動とも少なからず関係していたのである。

2　警保局時代（1）

警保局保安課への配属

地方官としての後藤の履歴は、一九一三（大正二）年六月に青森県警察部長に就いたのが最後となる。このとき後藤は二九歳であった。現代でこそ若手の警察官僚が三〇歳そこそこで警察署長に、また四五歳前後で県警本部長になることは珍しくないが[4]、当時は警察部長や警務部長には古参の警察官や退役軍人が就くことが多かった。また地方の警察人事に関しても、警視庁の影響力が強く、鹿児島県人がその職に就くことが多かった。しかし、一九一三年二月に第一次山本権兵衛内閣が成立し、原敬が三度目の内相に就任すると、その下で地方官制の改革がおこなわれ、地方行政組織が内務部と警察部の二部制になると同時に、警察人事の刷新がおこなわれた。つまり、警察官からの生え抜きではなく、現在のように国家公務員I種試験を通ったキャリア組が警察部長の職に就くことになったのである。後藤の青森県警察部長の任官は、この機構改革にともなう人事の第一期ということになり、ほかにも三〇歳前後の警察部長が全国に誕生した（五二〜五三頁）。

こうした人事のあり方は、現在では「事なかれ主義」から不正や失策を隠蔽しようとする弊害を生み出す温床として糾弾されているが、後藤は自ら現場に出て率先指揮を執ったと伝記には記されている。もちろん伝記の記述をそのまま鵜呑みにすることはできないが、のちの関東大震災の際には警保局長として、また二・二六事件の際には内務大臣として、まさに現場の指揮を執った後藤のことであるから、あながちオーバーな記述ではないだろう。当時の東北地方は凶作と流行性感冒に見舞われ[5]、散々な年であったという。しかし、若い警察部長の後藤は、県内各地を飛び回り、その都度適切な処置を迅速に下した。地方新聞の『東奥日報』が、警察部長の頭の中は「碁盤の目のようだ」と評したと伝わっている。

後藤の青森県警察部長在任期間は、一年足らずであり、一九一四年四月に本省警保局保安課保安課長兼図書課長に任命された。山本権兵衛内閣が倒れ、反政友会の旗幟鮮明な大隈重信が首相の座についたための人事異動であった。政権交代にともなって地方官がこのように大幅に異動することについて、後藤はのちに「党弊」の一つとして手厳しく批判することになる。

しかし、後藤の場合、この警保局への異動は左遷ではなく、むしろ抜擢であった。内務省警保局は、世情が次第に不安定さを増し、いわゆる「社会問題」が大きくクローズアップされてきていたため、地方局にかわって次第に内務省内での発言力を増してきた部署であった。一方、一九二〇年には、社会局が創設され、二二年には他省庁の部署を統合する形で外局として独立し、労使紛争、小作争議、衛生問題など、広く「社会問題」を扱った。治安維持の警保局と「社会問題」全般に関わる社会局、この二つが内務省のなかでも「新官僚」グループの拠点となった。たとえば、後藤が、保安課長・図書課長に任命された当時、厳し過ぎるという批判があった治安警察法や出版法の改正案を作成し、内務次官であった下岡忠治（次官在任：一九一四年四月～一九一五年七月）に上げたことがあった。後藤は、「われわれは官僚ですが、ただ上のほうできめた方針に基づいてだけ、ただ仕事をするということよりも、なにか新しいことをやるなり、改革を実現するなり、そういう意欲は強かった」と述べている（大霞会内務省史編集委員会編、前掲、二〇五頁）。

こうした下からの起案が積極的におこなわれた背景には、後藤らエリート官僚の社会問題に対する意識が強かったこともあるが、この時期の政権自体の不安定さも指摘できよう。一九一四～一九一七年の後藤の保安課長時代には、大臣が四人（大浦兼武、一木喜徳郎、後藤新平、水野錬太郎）替わったのをはじめ、次官が三人、局長が三人と目まぐるしく入れ替わっている。上の人事が安定しなければ、若手官僚が代わって政策を起案するチャンスも生まれてくるのである。

「中村屋のボース」事件

後藤が警保局保安課長・図書課長の職にあった時期の「事件」としては、先に述べた大川周明の著書発禁問題とも絡むが、ラース・ビハーリー・ボース事件（いわゆる「中村屋のボース事件」）があった。(6) 一九一五（大正四）年、当時日英同盟を結んで友好関係にあった英国から、インドにおいて排英活動をおこなっていたボースを国外追放、できれば逮捕して引き渡して欲しいとの要請があったことが事件の発端であった。政府は、これに応じてボースに国外退去命令を下した。しかしその後、ボースは頭山満や内田良平、犬養毅などといった国粋主義者によって新宿中村屋に匿われていた。後藤は、ボースが匿われていることを知りつつ、「行方不明」のままにしておいたため、結局最終的には、ボースの日本での活動が可能となった。政府は、その後、ボースに対して同情的な国内世論に配慮しつつ、かつ英国が起こした天洋丸事件（日本の天洋丸からインド人七名をイギリスが拉致し香港に連れ去った事件）を機に、英国にボースらの国外退去要求を撤回させた。このとき後藤が取った措置は、英国からの要求を表面上は受け入れつつ、ボース・シンパの動向にも配慮した政治的判断であった（六一頁）。後藤が優秀な警察官僚として事件を処理していたことがわかるエピソードであるが、時代背景も考え合わせるならば、ことはそう単純なものでもなかった。

当時、一九一三年の「大正政変」を経て民衆の政治参加の運動が盛り上がりをみせていた時期でもある。普通選挙が日本でも実施される見通しも、日に日に強くなっていった。もはや藩閥官僚による有司専制の時代は、完全にその幕を下ろしつつあった。後藤ら「新官僚」と呼ばれるようになる若手官僚は、政治のあり方が大きく変わろうとするその時代を、自らの身の処し方と重ね合わせながらみざるをえなかった。とくに後藤は、若手官僚のなかでももっとも出世が早く、この少しあとの時期に官僚トップとして実際の政策運営に腕を奮う立場にあることを自覚していたに違いない。保安課長・図書課長として民衆の思想や行動の動向に神経をとがらせながら、かつ次の時代は確実に「民衆の時代」になるとの予感は、官僚として複雑な不安をもまた醸成させていったであろう。ボース事件への対処の仕方には、このような状況が反映されていると考えられよう。

一九一六年七月、後藤は衆議院議員選挙法改正調査会幹事に就任すると、いよいよ来るべき普通選挙の実施に向けて、後藤は選挙制度の本格的研究の必要性、もっと直截ないい方をするならば、普通選挙によって台頭してくる新たな勢力をどのように制御していくかについて考えはじめていたであろう。後藤の欧州への留学が決定したのは、このような情勢を背景としたものであった。

3　欧州留学

欧州留学体験

後藤が、内務官僚として日本の行く末に危機感を感じはじめたのは、いつ頃のことであろうか。時代一般の風潮として、「行き詰まり」感が盛んにいわれだしたのは、第一次世界大戦後の、いわゆる「大正バブル」崩壊後のことであったが、後藤の場合、一九一七（大正六）年から一九年にかけての足掛け三年におよぶ欧米体験が重要であったと考えられる。内務省のエリート官僚であった後藤は、決してひ弱な秀才ではなかったが、この外遊では自ら進んで、ロシア革命、ヴェルサイユ講和会議、そして排日運動の厳しさが増す米国カリフォルニアの現場に足を運んでいる。普通ならば命の危険もともなうような革命の現場に足を踏み入れようとはしないのであろうが、後藤は、わざわざ約一カ月半の間ケレンスキー臨時政府治下の首都ペトログラード（一九一四年にサンクト・ペテルブルクから改名。一九二四年にレニングラード、一九九一年、旧称のサンクト・ペテルブルクに戻った）に身を置いていた（一一月革命時には在ロンドン）。

当時、後藤は、内務省保安課長・図書課長を休職して外遊に赴いたのであるが(7)、帰国後、警保局警務課長（一九二二年、局長）に任命されている。国内治安行政の実務全般に携わる地位に就いた後藤が、革命前夜のロシアの騒然とした雰囲気を生で体験したことの意味は小さくはなかった。

後藤は、戦後のインタビューに対して、当時のロシアの様子を次のように語っている。

「ロシアはちょうど革命が進行中でした。二カ月ばかりおりましたが面白いときでした。レーニン、トロツキーの連中がまだ抬頭しておらない時代でした。ケレンスキー内閣の時代でして、さかんにデモンストレーションをレーニン、トロツキーの一派がやっておりました。私はレーニングラード（当時のペトログラード）におりました。ブラブラ出歩いておりましたが、毎日鉄砲の音を聞きました。それからヨーロッパに行き第一次欧州大戦の終つた後までおりました。ヨーロッパもどんどん変つておりました。「日本もとにかくぐずぐずしているとえらい騒ぎになるぞ」という気がしました。「いま、でのことをやつておつてはいけない、なにか少し革新をやらなければいけない」という気持ちでした。当時内務省からずい分たくさん行きましたが、みんなそういう感じをもつて帰つたわけです」（内政史研究会『内政史研究資料第四集　昭和三十八年七月十一日　後藤文夫氏談話　第一回速記録』一九六三年、三六頁）。

「日本もとにかくぐずぐずしているとえらい騒ぎになる」。このときの後藤の〝直感〟は、すぐに翌年の米騒動、各種ストライキ、小作争議などとなって現実化した。社会主義革命こそ起こらなかったが、初の政党内閣である原敬政友会内閣も、米騒動の直後、後藤の外遊中に成立した。政党内閣の成立は、後藤ら若手官僚に少なからぬ衝撃を与えたであろう。当時、政党の影響下で官僚の任免がおこなわれるスポイルズ・システムはすでに成立していたが、政党内閣の成立は、さらにそうした傾向に拍車を掛けることが予想されたからである。二大政党による政権交代が定着すれば、これまでの官僚人事のあり方、ひいては官僚の役割に決定的な変更が迫られることになりかねなかった。

　エリート官僚としての後藤が、政党色の強い人事のあり方に少なからぬ不満をもっていたことは、次のような述懐からも読み取ることができる。

　「とにかく、政党はそんな具合に、政党の変わるたびに地方官僚などの入れ替えをするということではほんとうの公正な行政というものは出来ないというようなことがらが、あとで、新官僚というような空気が出来て、とにかくこういう時代には官僚自身がほんとうの国家の公正な責任者として勤めなければだめだと言ったような気運が多少出て来ておったですね」（同上、二〇頁）。

　戦前の内務省官僚はよく「牧民官」と呼ばれたし、そう自称すらしていた。上に引いた後藤の発言も、「ほんとうの公正な行政」「国家の公正な責任者」と、エリート臭芬々たるものであり、政党による恣意的な人事に対する不満と危機感をあえて隠そうとはしていない。

　政党の行く末を左右するのは、いうまでもなく選挙による大衆の投票行動である。普通選挙による大衆政治の実現と社会主義革命とは、直接に結び付くものではない。しかし、やがて日本でも遠からず実現するであろう普通選挙が、それまでのエリートとしての官僚の地位を危うくし、ひいては国家を善導することを困難にする。後藤ら「新官僚」がそうした危機意識を共有したとしても、何ら不思議ではない。まさに、内務省から欧州に留学していた多くの若手官僚は、「なにか少し革新をやらなければいけない」と感じていたのである。

英国改正選挙法評論

後藤の外遊の本来の目的は、英国の選挙制度の研究にあった。後藤は、留学中に英国選挙法の改正について詳細なレポートを送った。これが水野錬太郎の目に止まって、『国家学会雑誌』に水野の名前で掲載された。『国家学会雑誌』第三三巻第二号（一九一九（大正八）年二月）と第三号（一九一九年三月）の二回に分けて掲載された「英国改正選挙法評論㈠、㈡」がそれである。伝記によれば、水野の簡単な序文を付して、後藤の論文をそのまま掲載したとある（七三頁）。水野は序文の最後に「英国選挙法ニ関シテハ先キニ欧州ニ出張シタル内務書記官法学士後藤文夫君ニ之カ調査ヲ依嘱シタルニ、同君滞英中此ノ法案ガ議会ノ議ニ上リタルヲ以テ、君ハ改正案ニ関スル諸種ノ材料ヲ送リ越サレタリ。本論ハ此ノ材料ヲ基礎トシテ兼ネテ従来余ノ研究シタル点ヲ綜合シタルモノナリ。本論ヲ草スルニ當リ茲ニ後藤法学士ノ労ヲ謝シ之ヲ読者ニ紹介ス」（水野錬太郎「英国改正選挙法評論㈠」『国家学会雑誌』第三三巻第二号、一九一九年二月、二一～三頁）とある。確かに後藤が書いて送った資料ないし論述に、従来から水野が「研究シタル点ヲ綜合シ」て掲載しているようである。

論文は、英国選挙法改正法案の由来から説き起こされ、その要旨、選挙区の改廃及び議員定員の整理、選挙法案の議会における経過等、詳細なレポートとなっている。最後に、「改正案ニ対スル評論」として、今回の英国の選挙法改正につき特記すべき事項として、(1)選挙権の拡張、(2)選挙区制の維持、(3)郡市選出議員の増加、(4)選挙費用の制限等が挙げられている。

そのなかで、後藤（水野）は、日本の選挙制度のあり方についての教訓を二点引き出している。

一つめは、選挙費用の増加に関して、選挙費用の増加が腐敗選挙を招く弊があることを指摘し、小選挙区制の導入を是としている点である。日本では実際に、原敬による選挙法改正によって、一九二〇年と一九二四年の総選挙では小選挙区制が実施されたが、一九二八年の総選挙（初の普通選挙）以降は別の選挙方法が実施されたことは、周知のとおりであろう。

二つめは、工業化・都市化が進展するなかで、いわゆる「一票の格差」が日本は英国以上に問題となるであろうという点である。つまり、英国においても都市部選出議員がその比重を高めつつあるが、実際、英国の工業化・都市化の状況を鑑みれば、それも許容範囲内であると考えられるのに対して、日本の場合は市部の独立選挙区が増加し、市部選出議員が、都市と農村の人口比に対して過重になっていること、つまり実勢以上に都市部利害が農村部利害よりも反映されやすい構造になっていることを指摘している。

後藤（水野）が、この時期の農村の重要性を、選挙制度と結び付けて指摘していることは、非常に重要である。後藤は、のちの新日本同盟の創設に際しても、青年団運動との関わりを深めていくに際しても、常に地方政治に政党利害が入り込んでいく弊害を除去し、政党の利害対立によって地方の実情が無視されている状況を変革しなければならないという主張が繰り返し述べている。論文自体、後藤の筆によるものなのか水野のそれなのか判然としないのであるが、のちの後藤の主張と重ねるならば、論文の結論が、後藤自身の意見であったことは、ほぼ間違いないであろう。

これを一言でいってしまえば、「党弊打破」ということになるのであろうが、後藤が、政党政治のどこに問題があったのかを押さえておかないと、ときに後藤の言説の末節をとらえて、後藤が議会政治そのものを否定する意図をもっていたかのように誤解してしまうことになるであろう。後藤の政党政治に対する批判には、日本社会の基盤としての農村が、都市を基盤とする勢力によって切り崩されていく、そうした危機感が先立ってあったのである。

4 警保局時代 (2)

警保局時代の人事と政党

欧州留学中の二年余りの間、後藤は休職扱いであった。当時、高級官僚が、「党色人事」によって休職させられ、その後、反対党が政権に就くと復職をするという慣行が広くおこなわれていた。とくに選挙との関連が深い内務省の地方官人事では、政党色が色濃く反映されていた。二大政党制が定着するのは、一九二〇年代からであるが、桂園時代においてもこのような「党色人事」はあった。

後藤の場合は、政党の都合によって休職させられたわけではなく、当時の後藤新平内相が主唱して導入された内務官僚の留学制度に、自ら志願して留学したためであった。しかし、帰国後の後藤の出世の階梯をたどるならば、そこには明らかに党色の濃い人事を認めることができる。というのも、後藤を引き立てたのは、後藤の論文を評価した政友会系官僚の大物・水野錬太郎であったからである。水野は、官僚から政界へと転身するパターンを先駆けて作った人物である。すなわち、第一次山本権兵衛内閣時の文官任用令改正によって、各省次官クラスの自由任用が実施され、床次竹次郎鉄道員総裁、水野内務次官、岡喜七郎警保局長らが、現職のまま政友会へ入党した。またこのとき、反政友会の立憲同志会（のちの憲政党、立憲民政党）に官僚から転身したのが、浜口雄幸であった（清水唯一朗『政党と官僚の近代』藤原書店、二〇〇七年、一七八頁）。本人の望むと望まざるとに関わらず、この時点で後藤は政友会系官僚とみなされてもおかしくはない立場に立っていた。

ここで、帰国後における後藤の官職履歴をみておこう。まず、一九一九（大正八）年一二月に帰国するとすぐに内務省参事官として任用され、警保局警務課長に任命された。内務大臣は、政友会の床次竹次郎、直接の上司に当たる警保局長は川村竹治であった。床次内相は、説明するまでもなく、当時選挙法改正による選挙権拡張と小選挙区制の導入を実現し、内務省内では社会局を新設したほか、一九一九年には協調会（会長・渋沢栄一）を設立し、社会政策に取り組んだ政友会きっての大物である。

後藤が警保課長の職にあったのは一年未満で、一九二〇年の九月一五日には大臣官房文書課長に転じ、床次内務大臣秘書官を兼任した。また、同年の文官任用令の改正にともない、参事官職にも政治任用による勅任官をおくことができるようになると、後藤も、一九二〇年一〇月四日、明治神宮造営参事官を兼任し、一九二一年四月に専任参事官になっている。これは官庁のライン業務から離れて、スタッフ部門専従の官僚として政策の企画立案に携わる地位についたことを意味していた。省内の臨時的な仕事に関しても、スタッフとして大臣、次官の役割を補佐する重要なポストに就いたわけである。留学からの帰国後わずかに一年四カ月後のことであった。

そしてさらにその一年二カ月後、ついに後藤に、加藤友三郎内閣の水野錬太郎内相のもと、内務省三役の一つである警保局長のポストが回ってきた。三八歳のときである。これは異例のスピード出世であった。ただし、四年先輩の小橋一太も内務次官のポストについたのは、原内閣が成立した一九一八年、三八歳のときであったから、後藤の警保局長就任が、「大抜擢」ということには留保を付けた方が良いかもしれない。小橋は、その後、政友会から立候補して衆議院議員となり、政友本党を経て民政党設立に参画し、浜口内閣では文部大臣に就任している。党色をもった官僚が、政界に転身し成功した事例だといえよう[8]。

党色が薄いといわれた後藤が、出世コースからはずれなかったのは、伝記が指摘しているように、原内閣から高橋是清内閣の四年間にわたって床次内相、小橋政務次官と同一人物が四年間の長きにわたって大臣、次官のポストを占め続けたことによるのかもしれない（七九頁）。内務省の人事が比較的安定していた時期に着実にキャリアを積み上げることができたのは、まさに僥倖としかいいようがない。あるいはもっと直接的に五高の四年先輩である小橋が次官であったことも関係しているのかもしれない。

しかし逆に、警保局長の任にあった時期に、選挙がおこなわれなかったことは、党色が薄い後藤にとっては不幸であったといえる側面もある。「政党内閣は常に自派のイキのかかった内務官僚を警保局長に据え、選挙に勝利を博することをやっていた。加藤（友）内閣は中間内閣であり、衆議院議員は閣僚に入っていなかったが、政友会が与党として全面的に応援していた内閣であった」（八一頁）からであり、もし、後藤が警保局長のときに選挙がおこなわれていれば、完全に政友会系と目され、その立場から政界への道も早く開けたかもしれないからである。後藤は、既存政党に批判的ではあったが、チャンスがめぐってくれれば、政治家への転身を考えていなかったわけでは決してなかった。

しかし実際には、次章で述べるように、後藤は政友会系政治家としては立たず、田沢義鋪、丸山鶴吉、滝正雄などとともに新日本同盟の結成の準備を整え、政党刷新の運動を主導していこうとしていたのである。

関東大震災時の危機管理と治安維持

一九二三（大正一二）年八月二四日、加藤友三郎首相の突然の死去によって、内閣は総辞職し、政務職である警保局長の地位にあった後藤も、辞表を提出した。そして、二八日に海軍大将であった山本権兵衛に組閣の大命が降下したが、その組閣人事は難航していた。そこに、突然マグニチュード七・九の大地震が、東京・神奈川一帯を襲った。関東大震災である。

この大地震は、死者行方不明者合計一〇万人、避難人数一九〇万人、住家全壊一〇万九千余、半壊一〇万二千余という甚大な被害をもたらした。また、地震がちょうど昼時に起こったため煮炊きの火によって引き起こされた火災が、折からの台風の接近にともなう強風に煽られ、その被害を大きくしたことはよく知られている。東京市においては地震・火災で住宅総面積のうち四六%、横浜市においては二八%が失われ、全人口の六四%が路頭に迷う結果となった。またパニックのさなか、流言蜚語によって朝鮮人や社会主義者、労働運動家などに対する虐殺事件も起こった。

後藤は、この未曾有の災害時に急遽、警保局長としてとどまり、治安維持活動の陣頭指揮を執った。後述するように、後藤は、日本国内の治安維持最高責任者として二・二六事件に際会するわけであるから、戦前、首都戒厳が布かれた三つの重大事件のうち二つに、いずれも最高責任者の一人として対応したことになる。最初のこの「大事件」に対して、後藤はどのように振る舞ったのであろうか。

伝記は、普段は石橋を叩いても渡らないような慎重居士の後藤が、非常事態になると人が変わったように即断即決型で、かつワンマン振りを発揮する性格だと評している（八四頁）。もちろん、性格だけで非常事態を処理することはできない。非常時において冷静に判断を下すためには、警察官僚として普段の研究努力を怠らなかったということであろう。

そのことは後藤が、即座に臨時震災救護事務局の本部を内相官邸に設置し、総理をその総裁に、内務大臣を副総裁に据え、各省次官と主要局長を委員とした組織を作り上げたことからもうかがい知ることができる。今でこそ、官邸に機能を集中して情報収集、指揮命令系統を一本化することが、「危機管理」として重要であることは十分に認識されている。しかし、「危機管理」という発想そのものがない当時にあって、実質的な危機管理組織を作り上げたことは特筆に値する。

当時を振り返った後藤本人の談話では、たとえば上記の臨時震災救護事務局設置の官制を布いたり、政府の米穀倉庫に火災が及んだことから非常徴発令を起草したり、それを実行に移す手続きをとろうとしたりしたところ、内閣書記官連中は、官制は勅令がないと出せない、勅令は枢密院にかけないとだめだ、と役所的対応に終始したという。その後、勅令は伊東巳代治枢密顧問官の独断によって、枢密院を通さずに決めることができたが、さらに勅令は官報に載せて公布しないと効力を発しないといわれ、「謄写版で十四、五枚も刷って焼け残っている役所に張り出せば、公布したことになるから、それでいこうといって、ようやく決まった」という[9]（八八頁）。本人談話であるから、いささか自慢話めく分は割り引くとしても、「危機管理」「危機対応」が、後藤の機転によって実行に移されていく様子がよくわかるエピソードであろう。

また逆からいうならば、当時の内務官僚がいかに組織作りやそのための人員配置をシミュレーションしていたかの証左であるのかもしれない。とくに当時の内務省は、社会局を設置したばかりでもあり、治安維持のための法制定研究にも取り組んでいた時期でもあった。関東大震災は、まったくの不測の事態ではあったが、こうした当時の内務省内部での「危機管理」体制の充実も、後藤の果敢な決断を助けたのではなかろうか。ただし、この関東大震災の際に出され、一九二五年、治安維持法として改正された勅令は、次のような簡単なものであった。

治安維持ノ為ニスル罰則ニ関スル件

公布：大正一二年九月七日（勅令第四〇三号）
廃止：大正一四年（法律四六号治安維持法附則）

出版通信其ノ他何等ノ方法ヲ以テスルヲ問ハス暴行騒擾其ノ他生命、身体若ハ財産ニ危害ヲ及ホスヘキ犯罪ヲ煽動シ安寧秩序ヲ紊乱スル目的ヲ以テ治安ヲ害スル事項ヲ流布シ又ハ人心ヲ惑乱スル目的ヲ以テ流言浮説ヲナシタル者ハ十年以下ノ懲役若ハ禁錮又ハ三千円以下ノ罰金ニ処ス

朝鮮人虐殺問題

しかし、臨時震災救護事務局の本部へ情報が思うように集まらない、また指示が出せないといった問題点もあった。後藤は、東京の情報を全国に正確に伝えるために、まず千葉県船橋市の海軍省の無線基地から大阪へ情報を伝え、大阪から全国各地に通信する方法を取った。さらに埼玉県浦和市に出かけて、近県の県庁に対し、できるだけ多くの車に食料とガソリンを積んで内相官邸に来るように指令して三、四〇台の自動車を集め、これが連絡に役立ったという。また東京－横浜間の電話を架設する電話の材料を大阪に打電して船で運ばせ、わずか一日で東京－横浜間に電話を架設した。

急場の対応としては精一杯であったであろうが、結局、震災による情報網の寸断が、流言蜚語などによる朝鮮人虐殺事件などの悲劇を生み出すこととなった。後藤は、回想においてこう語っている。

「朝鮮人の問題は二日か三日ごろからだったと思います。最近［一九七三（昭和四八）年の聞き取り］この問題についていろいろ書いたものが出ていますが、当時はなんにもわからなかったものです。この朝鮮人がどうこうするというデマの起点はどうも二カ所あったようです。一つは神奈川の戸塚あたり。ここから出たデマが都内に入ってきたのと、もう一つは千葉の方で、これが本所、深川の方に入ってきて広がったのと二つありました。このデマの伝わる速さは当時、自転車の走る速さぐらいだったんですね。……警保局の職員で大崎から通っているのがいましたが、それが二日の夜でしたか顔色を変えて入ってきました。朝鮮人が暴動を起こして大崎までやってきているというんです。それじゃ君、それを目撃したのかときくと、いや見てはいないというんです。品川の警察署に電話して連絡してみたが、そんなことはないという状態でした」（アドバンス大分『昭和史をつくった二人――後藤文夫回想録：一万田尚登回想録――』一九八三年、二六頁、「……」は、引用者による省略。以下同様）。

警察も正確な情報をなかなかつかめる状態ではなかったというこの後藤の弁明を、どう聞くかは難しい問題であろう。

副田義也は、朝鮮人に関する流言蜚語の有力な出所の一つがほかならぬ内務官僚であったことを証明するものとして、九月二日の午前中に作成された警保局長出の電文原案を示し、「内務省が朝鮮人が暴動を起こしたというデマを流布し、大虐殺の一因をつくりだしたと断定されても仕方あるまい」（副田義也、前掲、四八二頁）としている。そして、こうしたデマが流された背景として、第一に、警保局全体として朝鮮人暴動の報知を諸方面から受け取り、それらを信じた局面があったこと。第二に、現場責任者のうち後藤を除く、水野錬太郎内相、赤池濃警視総監が、直前まで二人が朝鮮総督府政務総監、警務局長の任にあり、三・一独立運動の弾圧を担当していたことで、朝鮮人暴動の流言にリアリティを感じたということ、そして、後藤が彼らの想像力に巻き込まれたこと。第三に、警保局自体に従前から朝鮮人を敵視する組織的体質があったこと。この三点を挙げている（同上、四八二〜四八六頁）。

関東大震災の際の朝鮮人虐殺問題について、ここで何が真実であったのかを明らかにすることはできないが、治安維持を司るべき内務省警保局の一大汚点として、長く後世に記憶されるべき事件であることは間違いない。

もっとも副田も、開明派官僚の一人の後藤文夫は、良識とバランスの取れた判断力の持ち主としてひろく知られているが、「そのひとにしてこのような行為があったのかと嘆じる気持ちを禁じえない」（同上、四八二頁）と、後藤に対して同情的ではあるのだが。

注

（1）後藤の伝記は、治子夫人を「熱心なクリスチャンであったが、無教会主義で一生を通した人である。しかし若い頃からの山室軍平との縁故で救世軍に対しては陰に陽に応援を惜しまなかった。他面きわめて積極性をもった多才多能の人で、一度決意したら究極までやり通す強い意思と行動力をもっていた」（四〇頁）と評している。

（2）石原千秋『百年前の私たち――雑書から見る男と女――』（講談社現代新書、二〇〇七年）によれば、ただし、「社交」や「談話」を通じて女性に求められるものは、男性のそれとまったく異なったものであったという。

（3）一九一〇年に設立され、産業組合の全国的な連絡組織としての役割を期待された組織。

（4）「キャリア官僚は二〇才くらいで警察署長、四五才くらいで県警本部長クラスに就任し、二、三年で勤務地を変えて全国を回ります。各県のトップは四七都道府県中四四人が警察庁のキャリア官僚です」（衆議院議員・枝野幸男（民主党）のホームページ http://www.edano.gr.jp/om/0003om.html より）。

（5）このときの「流行性感冒」は、いわゆる「スペイン風邪」ではない。
（6）スバス・チャンドラ・ボースとは別人で、いわゆる「中村屋のボース」である。中村屋のボース誕生の経緯については、中島岳志『中村屋のボース——インド独立運動と近代日本のアジア主義——』（白水社、二〇〇五年）を参照のこと。
（7）内務官僚の留学制度は後藤新平が内務大臣のときに制定され、若手の有望な官僚に自由な研究をさせることが目的であった。
（8）ただし、小橋は越後鉄道疑獄事件で辞任。一九三七～一九三九年まで東京市長を務めた。
（9）活字印刷するための活字ケースが、地震によって倒壊したため、印刷が不可能になっていた。

第3章　社会不安の増大と「新官僚」の行動

1　社会不安の世相と修養主義

安岡正篤との出会いとその関係

後藤が警保局長に任ぜられた一九二二（大正一一）年、のちの国維会とも関係する重要な人物と出会う。それが安岡正篤《まさひろ》であった。安岡は、「終戦の詔勅」や「平成改元」に関わりをもったことから、「歴代総理の指南番」であるとか「昭和の教祖」などと呼ばれる一方で、その実像についてはあまりよく知られていない人物でもある。しかし当時、安岡は東京帝大在学中に刊行した『王陽明研究』（玄黄社、一九二二年）によって、若くして陽明学の「権威」として名前を知られるようになっていた。

安岡は、国家社会主義者として美濃部達吉の天皇機関説に反対の論陣を張っていた憲法学者、上杉慎吉教授の、大学に残らないかという誘いを蹴って、卒業後も執筆活動に専念していた。しかし、満川亀之助拓殖大学教授の紹介で、亜細亜文化協会を主宰していた原田政治に会い、それをきっかけに人脈を広げていった。亜細亜文化協会は、当時、東京小石川の酒井忠正伯爵邸内の金鶏園にあり、この金鶏園には多くの少壮官僚、青年将校、あるいは近衛文麿公爵、木戸幸一侯爵、近衛の親友の有馬頼寧《よりやす》（のちに伯爵）など酒井と同じ華族仲間が大勢集っていた。

後藤も、内務省で出版物の検閲を担当していた大塚惟精《いせい》（のち警保局長、広島県知事など）から『王陽明研究』を勧められて読み、大塚とともに酒井邸の金鶏園に訪ねていき、そこで安岡に出会った（塩田潮『「昭和の教祖」安岡正篤の真実』ワック、二〇〇六年、一五三～四頁）。安岡は、やがて金鶏園に集まる官僚、軍人、華族、財界人などのために月一回の陽明学研究講座をおこなうようになった。後藤らとの交流もここからはじまった。

安岡は、一九二六年には私塾金鶏学院を開設し、翌二七年にこれを財団法人化した。財政的には、のちに国維会にも加わる結城豊太郎らの支援を受けた。私塾となってからの金鶏学院の聴講生のなかには、さまざまな人々がいたようである。たとえば、のちに血盟団事件を引き起こした井上日召の門下生が、この学寮に一時起居していたこともあって、安岡も事件との関与を疑われた。しかし、安岡自身は、自ら行動を起こしたり、それを促したりするようなことに対しては常に慎重な立場を取り続けており、実際の「革命行動」にコミットすることはなかった。そのことが、「白足袋の運動家」「座布団右翼」と揶揄された理由でもあった。

後藤が具体的に安岡からどのような影響を受けたのかは定かではない。水谷が指摘するように、官僚たちが自らの権威づけのために何らかのカリスマを必要とするといった側面もなかったとはいえず、なかには安岡の「権威」にあやかることを目的にしたものもいたであろうが、後藤の場合、安岡に接近した理由は、それだけではなかったように思われる。[1] ここでは安岡が説いた陽明学自体の性格と、当時、後藤が関心を抱いていた「修養主義」との関連性を指摘しておくべきであろう。

安岡の陽明学に関して、中国哲学の研究者で、『近代日本の陽明学』の著者である小島毅は、「まだ安岡をどう評価すべきか定案はない」としながらも、安岡が、井上哲治郎の創出したペルソナの訳語＝「人格」概念を、自らの著書『日本精神の研究』（玄黄社、一九二四年）で多用しつつ、精神性＝「人格」を高く評価する傾向が強くみられ、この「人格」への傾斜、すなわち自己修養による人格陶冶こそが安岡陽明学の真骨頂であり、かつ大衆文学作家の吉川英治の『宮本武蔵』にみられるポピュラリティと共通していることを指摘している。実際に吉川の「武蔵」は、安岡に大きな影響を与えていたようだ（小島毅『近代日本の陽明学』講談社、二〇〇六年、一五七～一六四頁）。

安岡の著作がさまざまな形でもって、多方面に影響を与え、現在でも読まれているのは、難解な中国古典を個人の自己修養に還元させてわかりやすく説く、その大衆性に求められる。大衆は、難解な論理性や抽象的な議論ではなく、それが実際上に直接どのように役立つかを求める。しかし、注意しておくべきことは、当時の大衆は、即、庶民ではなかったということである。戦後においてこそ、大衆は広く庶民と同一視されてきたが、何も庶民層だけが大衆ではない。大正期から昭和初期に、高等学校以上の学歴をもった、かつてのエリート層も急速にその数を増し、エリートのインフレーション、学卒者の大衆化がすでにはじまっていたことを想起すべきであろう。とくに一九二〇年の大学令改正によって、一九二〇年代に大学の卒業生は、急増していく。それにともなって、かつてのエリート層も簡単には「立身出世」することが困難になり、「学士様なら嫁にもやろか」という時代は急速に過去のものになりつつあった。そのような「大衆」を対象にして、日々の実践活動の指針を与え続けることこそが、安岡のポジションであったと考えられる。

このことは、安岡が、自身の陽明学を実践するにあたって、一九三一（昭和六）年に日本農士学校を主宰し、現場を重視しながら農本主義的な「士」育成を目指していったこととも関係する。後藤もまた、青年団活動における実践を通じて青年の人格陶冶、ひいては健全なる公民の育成に多大な支援をしていた。安岡と後藤は、たんにその人脈的な繋がりをお互いに利用していったのみならず、思想的にも共通する基盤を備えていたのである。したがって、安岡を「白足袋の運動家」として揶揄するのみでは、的を射た批評とはならない。「革命」を説きつつ、北や大川とは一線を画した行動を取ったのは、やはり安岡なりの「革命」観の現れであったとみるべきであろう。

青年団活動へのコミット

警保局長就任前後に、もう一つ、後藤のその後の思想と活動に大きく関わる出来事があった。それが青年団活動への関与である。後藤が、青年団活動に関与することとなったそもそもの発端は、明治神宮造営事業（一九一五〜一九二六年）[2]に遡る。明治神宮造営事業そのものについては、山口輝臣『明治神宮の出現』（吉川弘文館、二〇〇五年）に詳しいが[3]、この国家的大事業に対し、全国の青年団が勤労奉仕をおこない、一九二二年末までに延べ一〇万人余りが参加した。

神宮外苑には現在でも大学野球のメッカである明治神宮野球場、秩父宮ラグビー場、国立競技場ほかさまざまなスポーツ施設が集積しているが、全国の青年団が参加したことによって、あたかも青年のための運動公園と見紛うばかりの状況が作り出されていった。さらに、それまであった「明治神宮は東京中心のもの」といったイメージが次第に希薄化され、国民のものであると意識されるようになったと、山口は青年団勤労奉仕の意義を述べている（同上、一九二頁）。

しかし、はじめからすんなりと青年団による勤労奉仕が実現したわけではなかった。当初は、土木作業の現場から「素人に何ができる」という反対の声があり、動員そのものが難しくなる局面が存在した。そのため、最初はごく少数の青年部隊を試験的に使い、現場で講習をおこないながら作業を進めていったのが、後藤の盟友である田沢義鋪であった。田沢の「働きながら学ぶ」

という教育方針の徹底によって、この試験的な勤労奉仕は成功を収め、最後には「土木作業は青年団員に限る」とまで評価が高まっていたのである。

もっとも山口によれば、勤労奉仕が終われば青年たちにとっては憧れの東京見物が待っていたのであり、ほかにも宮城や御苑の特別拝観が許可されたり、宿泊・食品購入・入浴料などの便宜が図られたり、新聞社主催の講演会も聞くこともできた。また経費は自弁だったが、わずかながらの労賃も支払われたという（同上、一九一頁）。大正版ＮＰＯというべき青年団の勤労奉仕も、金銭的なインセンティブを付与しなければ、機能しなかったという現実がそこにはあったのである。

しかし同時に、当時の東京と地方の「格差」は、たんに経済発展の「格差」以上のものであったことにも注意を向けておかなくてはならない。つまり、大日本帝国の首都としての東京（当時は、まさに「帝都」と呼ばれていた）は、地方青年に、政治権力と権威の中心がどこに存在しているのかを可視化して示す、それ自体巨大な政治的装置でもあったのである。文部省や内務省の関係者がそれをどこまで意識していたかはわからないが、権力の中枢にある官僚は、青年団による奉仕活動にこのような効果を無意識に期待していたのではなかろうか。

さて、ちょうど明治神宮造営がはじまった頃には、後藤自身は海外に留学中であったが、帰国後の一九二〇年には明治神宮造営参事官を兼任し、勤労奉仕事業に関して田沢の相談相手となってこの運動に参画した。そして、同年一一月一日に鎮座祭が挙行され、青年団の代表もまた同月二三日に明治神宮を正式参拝した。このとき皇太子（のちの昭和天皇）から令旨《りょうじ》を賜ったのをきっかけとして、全国一万一五六六の青年団から青年館建設のための醵金がおこなわれ、翌一九二一年に財団法人日本青年館が誕生することとなった。日本青年館の初代理事長には近衛文麿が、そして、内務省を代表して後藤文夫が理事に就任した。その後、一九二四年一一月に内務省の一木喜徳郎が第二代の理事長を務め、一九二五年に一木が宮内大臣に就任し理事長を退くと、丸山鶴吉が理事長代理としてしばらくは日本青年館の活動を切り盛りした。丸山が日本青年館に関わったのは、田沢義鋪が東京市助役に就くことを承諾する代わりに、丸山が日本青年館の活動を引き継ぐという条件を呑んだ結果であった。

日本青年館は全国の青年団からの醵金によって建設されたものであったが、運営組織自体は、内務省・文部省によって作られ、全国の青年団から積み上げられた組織ではなかった。そのため、各地の青年団は中央に全国的な連合組織を作ることを要望し、これを後藤・田沢らが後押しし、内務省・文部省も認めた。そして、大震災の翌年の一九二四年七月に大日本連合青年団の創立準備委員会（委員長・後藤文夫）が作られたのである。このとき後藤は、青年団活動の仕事に専心するつもりであったという。田沢が協調会常務理事として日本青年館の理事としての職責を十分に果たせなくなっていたという事情もあったが、もともと後藤自身、「政治の浄化の基本は青年の教育にあるという信念を持っていた」（三二四頁）からでもあった。

しかし、次章で述べるように、後藤はその二カ月後、台湾総督府総務長官に任ぜられ、台湾に赴くこととなった。後任の準備委員長は、田沢が引き受けた。その後、田沢準備委員長、丸山日本青年館理事のもとで創立準備は着々と進められて、一九二五年四月一五日に大日本連合青年団が発足、翌二六年五月には全道府県の連合青年団が加盟し、青年団の連合組織が完成した。

先に中央報徳会の青年部機関誌として一時『帝国青年』が発刊され、これがのちに財団法人日本青年館の機関誌『青年』に引き継がれていくことになったと書いたが、中央報徳会の中央青年部も、この財団法人日本青年館に発展的に解消していった。中央報徳会の青年団中央部と日本青年館の関係について、伝記は次のように解説している。

「ところで青年団中央部も日本青年館もともに青年団の中央機関としての機能をもってはいたが、その設立の発想にはかなりの相違があった。青年団中央部はもちろん関係者からの要請があったとはいえ、むしろ官庁的発想から出発し、出来上がった機関もどちらかと言えば、内務省や文部省の付属機関ともみられるものであった。

しかし日本青年館の設立は地方青年団の団員たちの討議の中から生まれている。財団法人の設立手続きやその運営あるいは会館の建設については、全国の青年団の総意によって、内務、文部両大臣に依頼されたので、その世話は両省の担当者が行ったが、日本青年館は全国の青年たちのものであり、決して官庁の付属機関ではない。その意味では青年たちの手による青年団の中央機関は、日本青年館の設立から始まったと言っても過言ではない」(三二一四頁)。

修養を通じた人格と文明の統制

「政治の浄化の基本は青年の教育にあるという信念」が、いつ頃から後藤の信念・思想になったのであろうか。安岡正篤との出会いによって「立身出世」に代わる「自己修養」に多大な関心をもったこと、そして田沢義鋪からの影響がとりあえず指摘できるように思う。また大正期の教養主義と修養主義の関連を考察した筒井清忠の論考が指摘するように、学歴エリートの中心であった一高生に修養を通じての人格の向上を説いたのは、当時の一高校長であった新渡戸稲造であった。新渡戸に感化された一高生のなかに、のちに「新官僚」と呼ばれるようになる人々が多く存在したことはすでに指摘したが、こうした人々から直接間接の影響も受けたであろう。エリート官僚である後藤が、一見大衆的なエートスである「修養主義」による人格の陶冶という思想に依拠し得たのは、日本において「エリート文化の中核となる教養主義と大衆文化の中核となる修養主義とが、明治後期に「修養主義」として同時に同一物として成立した」事情があった（筒井清忠『日本型「教養」の運命――歴史社会学的考察――』岩波書店、一九九五年、三一～三三頁）。

しかし後藤は、欧州留学以前の警保局時代の図書・思想の取り締まりを通じて、青年の教育についてすでに関心をもちはじめていた。後藤は、雑誌『斯民』（第一一編第七号、一九一六年一〇月一日発行）に「青年の読物に対する警戒」という論文を寄稿しているのだが、そこで「良書普及は青年団の任」と見出しを付けて、以下のように述べている。

「一方に悪書を撲滅すると共に、積極的に良書の普及を図らねばならぬ。此の積極的方面に至つては、当局の力は尚更微々たるものであるから、夫れは識者、有志家の努力に俟ちたいものと思ふ。全国の青年団が、共同一致して図書の選択を厳にするならば、社会風教の上に重大な好影響を見るものと信ずる。

今や世界に大動乱なくとも、我邦の位置は益々重要の度を増して来る。第二国民の養成は一日も怠つてはならぬ。任に此事に在る人々は、先づ図書選択の方面に於ても警戒を加へられん事を切に希望する」（同上、三六頁）。

すでに明治神宮の造営事業ははじまってはいるが、この段階で、青年団の活用を述べていることに注目しておく必要がある。後藤にとって、必ずしも明治神宮造営事業が青年団に着目した最初ではないのである。

また物質文明は現代文明の母であるが、それは同時に健全な精神生活を害しており、「青年団の修養が此の弊風に打勝つにある事は言うまでもな」く、また書店の営利主義は売れれば何でも売るという方向に走るので、青年団が良書を選択してこれを購入するならば、自ずと良い本が書店に並ぶようになると主張している（同上）。青年団による「修養」が、物質文明に対する精神生活の向上を育むという視点が、後藤のなかにはすでに存在していたことがわかる。後藤の思想における「修養」の強調は、出会った時期から推察して、必ずしも安岡の影響のもとではなかったことがわかる。

さらに、同じく『斯民』に掲載された「文明を支配する人格の躍進」（第一九編第一号、一九二四年一月一日）という論説では、「人格」というキーワードを使いつつも、それが素朴な精神主義の主張ではなかったことも読み取ることができる。

後藤は、この論説において、タイトルどおり「文明を支配する人格の躍進」こそが、現代社会に求められていると主張しているのだが、そこにはいくつかの興味深いポイントが含まれている。

第一に、今までの過去の人類の歴史においては、文化は進歩しているのに、それを担当している人間の人格の進歩をともなっておらず、文明の進歩を制御できなくなった人格が、最終的にカタストロフに陥り、結局新たな文明とそれを担当する人格が台頭してくるという歴史観が示されていることである。その上で、「歴史は繰り返さない」、すなわち人間によってその運命から脱却することが可能であるとしている。この点が、まず興味深い。

第二に、後藤は、現代もまた「放心の状態」すなわち個性の人格的統制を失った状態にあるが、人類の文明を制御すべき人格が現れることによって、現代の物質文明を制御することが可能であると主張する。しかしこれは、あれこれの徳目を並べ立ててその修養を論じることであると誤解する人が多いが、まったくの間違いであるという。先の青年団の修養という言葉がこのような意味合いで使われていたのかどうかはわからないが、ここではっきりと修養が単に過去に考案された徳目に基づくものではないと述べられている。

そして、第三に、現代のわれわれは古代の人々よりも人格的統御を実現するのに困難な物質文明の時代に生きているが、「人間の生命は躍進する。人間の潜在的の発展力は環境の為に決して押潰されては居らぬのである」から、環境を支配する「人格的統制の芸術的大活動を実現すべき」であり、「躍進する生気を保存し、其の生気を培ひ、是を養ひ、是を練つて進むの気力ある人が、其の気力ある民族が、此の新文明の先頭に立つべき」だというのである。

「更始一新」という言葉があるが、後藤はこの「更始一新」は「唯々平凡な事物の改革ではなく、人間の改革でなければならぬ。人間と環境とを打つて一丸とした、宇宙其の物の改革でなければならぬ」と説くのである。

人格修養は、すなわち個人の人格の統制であり、そのように統制された人格を通じて、複雑に発展を遂げた現代の物質文明をも統制できる、というのが後藤の主張の骨子であった。このような考え方が、のちの後藤の政策思想の根底に存在していると考えられるのではないだろうか。

2　新日本同盟と後藤のヴィジョン

新日本同盟の結成

当時の青年が「立身出世」から「修養主義」「人格主義」へと向かっていった社会的背景には、明治末期から大正期にかけてのアノミー的状況があった。さらに、第一次世界大戦後の国家的な目標喪失と急速な工業化によって「歪み」がもたらされたという認識は、本来のエリート層である官僚層に対しても既存の体制に対する批判を生み出していった。

いわゆる「新官僚」を中心とした新日本同盟の結成は、このような社会的状況に対応したものであった。新日本同盟には、後藤文夫、丸山鶴吉、田沢義鋪らの内務官僚のほかに、後藤の五高時代の後輩でもある滝正雄や、革新華族の近衛文麿らが加わった。

一九二四年一二月に、新日本同盟結成に先立って会員に配布されたパンフレット『新日本の建設』は、その「明るい」タイトルとは異なって、やや大げさな表現が使われているものの、関東大震災による帝都壊滅直後の悲壮感も加わって、良く当時の「危機感」を示している(5)。

「世界大戦！　その戦禍の圏外に処し三大強国の名に酔える日本国民は、今やその空漠たる虚名が何者を齎《もたら》せるかを自覚し粛然として国歩の艱難に反省をせねばならぬ時期に到達した。爾来政治上の動揺、経済上の煩悶、社会的の混乱、相互錯綜して吾人の心胆を寒からしめつつある。国内的には衰弱が増した。国際的には圧力が加はつた。

見よ頻発する政変、これと伴ふ政党の離合集散。而かも何処に新日本の建設を意味する政治的生命の存在が表示されつつある？　世界大戦の結果偶然に贏《か》ち得たる二十億の正貨は輸入超過の連続の為め今や既に窮乏に帰したではないか。所謂戦時の好景気により勃興せる諸種の工業は尽く半死の苦悶を続け、今や遊堕と奢侈と而して法外なる物価騰貴のみが残る。従つて戦時中に獲得せる海外の新市場は日一日と奪還され、此くて余す処は列強の嫉視より来る国際的孤立丈である。而かもこの経済的危機を転換するに足る国民の反省と奮起を想像すべき意思の表示を認める事は出来ぬ。元来、日本には米国に見るが如き国内の資源がない。英国に於けるが如き産業的訓練もない。而かも偶然の繁栄に噴火山上の乱舞を続けつゝあつたのである。此時に当り我国民の頭上に一大鉄槌が下つた。前年の震災則ちこれである。而かも我国民はこの大試練に接し慄然として反省したる模様もない。若し現在社会の表面に於ける表徴即日本国民の全生命なりとすれば日本の将来は絶対悲観されねばならぬ……」（伊藤隆『昭和初期政治史研究』東京大学出版会、一九六九年、五二頁）。

では、「絶対悲観されねばならぬ」日本の将来を避け、「新日本」を建設するには、いかなる方策が有効なのか。翌一九二五年三月二九日に正式結成された新日本同盟の「設立趣意書」では、後藤文夫が自ら筆を取り、次のように述べている。

「私に思ふ人生の真意義に立脚せる国家生活の充実は弛緩せる風紀を革正し、動揺せる人心を安定し、進んで我国際的地位を幸福ならしむべき唯一の前程なり。而して之を為すの途は人格を本位とする同志の結束を計り、広義に於ける政治的教養を実物的に完成し、公正なる批判の目標を作るにあり。……

一、内政、外交、社会、経済、芸術等国民生活に切実なる重要問題に就き精確なる知識を修養し、洗練せる意見を紹介し、相互智見の啓発に力むると共に更に一般に之れを宣伝普及し、

二、政治、社会、経済其他各方面に於て各自相警《いまし》めて腐敗せる習俗に陥らざらん事を期すると共に、進んで国家社会の純化するに努めんとす。

吾人の意図実に此くの如く、既に公正なる理解を得ることを眼目とす。即ち政党政派を超越し、既成何れの政党に属するも、属せざるも、吾人の同志たるに何等の交渉なし。吾人は広く同志を糾合せんと欲す。地方人士の奮起を以て刻下の急務と信ずると共に、至純の徳操と清新の気象と不羈の智見とが多く青年に期待せらるゝを以て地方青年に普く同憂の士を求む」（九六～九七頁）。

「国家社会の純化」という言葉に象徴される、この趣意書の内容は、四年後の一九二九年に浜口雄幸民政党内閣が掲げた「十大政綱」にみられる「政治の公明」「国民精神の作興」「綱紀の粛正」などと驚くほど共通するものを含んでいる。日本社会の「行き詰まり」を打破するため「粛正」や「純化」が必要であるという考え方は、今までのやり方や既成の秩序・体制をいったん御破算にして再出発を図ろうとする「清算主義」の行き方にきわめて接近していく。

「広く同志を糾合せんと欲」した後藤ら少壮官僚は、「新日本同盟」とはまた別の組織ともオーバーラップしていた。後藤の場合、一九二四（大正一三）年五月に発足した平沼騏一郎系政治結社である国本社がそれに当たる。

月曜会と国本社

国本社成立の契機は、一九二三年一二月二七日に起こった摂政皇太子裕仁暗殺未遂事件、いわゆる「虎ノ門事件」であった。この「虎ノ門事件」によって、山本権兵衛内閣は治安責任を取って総辞職したが、当時の司法大臣であった平沼騏一郎は、野に下ったのち、事件再発防止を大義名分として全国的な思想的啓蒙活動を推進するため、第一次国本社、辛酉会、月曜会などの組織の有力メンバーを招集し、国本社を設立した。メンバーの多くは司法官僚によって構成され（一九二五年時点での役員三〇九名中、一二六名）、それに陸軍軍人や内務省関係者、海軍軍人、実業家などが加わった（伊藤隆、前掲、三五四頁）。

後藤は、すでに警保局長を辞して野に下っていたが、内務省OBとして、そして国本社の母体となった辛酉会、および月曜会のメンバーとして国本社理事に名を連ねていた。国本社自体、のちに平沼系ファッショ勢力の中心的政治団体とみなされるようになったが、設立当初はその活動方針に対してさまざまな意見が出されていた。しかし、台頭してきていた左翼思想に対する権力側の危機感が、国民精神の作興を主唱し、国民的教化活動を先導するこうした団体の設立に結びついたことに間違いはない。

国本社の設立母体となった諸団体のうち、後藤もそのメンバーであった月曜会（一九一七年設立）や辛酉会（一九二二年設立）といったものがあったが、いずれも先に述べたような第一次世界大戦を契機とした「危機意識」に基づいて、少壮・中間官僚が各省の枠を超えて集まった団体であった。

もっとも、伊藤は、国本社趣意書を、「きわめて抽象的な言葉の羅列であってその正確な意図を把えることは困難であるが、維新以来の「智」偏重による国民精神ないし「徳」の崩壊＝国家・民族の危機に、国民精神の涵養と徳の高揚によって対処せんとする、強烈な〝復古〟主義・精神主義が貫かれていることを観取しうる」（同上、三五八頁）と述べている。

その意味では、後藤らが中心となった「新日本同盟」が、「精確なる知識を修養し、洗練せる意見を紹介し、相互智見の啓発に力むると共に更に一般に之れを宣伝普及し」ようとしていた立場と国本社のそれとは、かなりの隔たりを感じざるをえない。

後藤による新日本同盟設立趣意書では、「至純の徳操と清新の気象と不羈の智見とが多く青年に期待せらるゝを以て地方青年に普く同憂の士を求む」と述べていることから、国民の政治的覚醒の担い手として期待を掛けていたのは、地方の青年たちであり、地方の青年団からの新しい勢力結集を、むしろ強く想定していたと思われる。

青年団の実態

明治神宮造営事業をきっかけとして全国の青年団が組織化されていく過程は、すでにみたが、もう少し一般的に、当時の青年団がどのようなものであったのかについて、時代はやや下るが、柳田国男の『明治大正史世相篇』によりながらみてみよう。柳田は、同書「第一三章　伴を慕う心」の一節「青年団と婦人会」で、青年団を、次のように高く評価した。

「新日本の将来を一段と明るくしたものは青年団の発達であった。ことに最近たのもしく思われるのは、青年でない者の指導に対する条理ある拒絶であった。それも単なる理論でなく、逐次に自主的実践によって裏付けられようとしている。……

青年間における自治精神の発達は、ひいては従来の中央集権主義への反撥となって現れ、新事物に対する理解も大いに進んで、従来のごとくいたずらに中央の好尚を盲目的に受け入れるような態度は清算されんとしている。何の目標もなく、演説を試みたり選手を出しているのは昔日のことで、現在ではまず目標を確かめて後に、その方法を問題とすべしというふうに考えるようになった」（柳田國男『明治大正史世相篇（下）』講談社学術文庫、一九七六年、一七三～一七四頁）。

もっとも、青年団を通じた政治教育に実際に現場で携わっていた田沢義鋪は、柳田ほど手放しで青年における自治の精神の広がりを称揚してはいない。一九三二年に『岩波講座　教育科学第九冊』誌上でおこなわれた「政治教育の問題シンポジウム」で、田沢は、

「学校や青年団などで政治教育の訓練又は実習の為めに、擬国会や擬市会などを開く例が往々にしてある。又青年議会を開くと云ふので、青年代議士の選挙などを行はしめる例が少くない。所でかうした形式的な方法は決して正しい政治生活の訓練となり得ないばかりでなく、却つて多大の弊害をもたらすと思はれる。……政治教育はそんな下らぬ処にあるのではない。真に生活の政治、道徳の政治を実現する為めの生活指導でなければならぬ。政治と云へば演説と心得、議場の駈引きと考ふる態度を徹底的に打破しなければならぬ」(『岩波講座　教育科学　第九冊』一九三二年、六〇～六一頁)。

と現状の青年団による政治教育のあり方を批判している。

しかし、いずれにせよ「当時［著者の酒井が、昭和恐慌のさなか、青山学院を卒業して青年団中央本部に雇われた頃］の青年団は、後藤文夫から田沢義鋪へ理事長が引き継がれた時で、この両理事長時代は、青年団運動が大いに伸長した時代であった」(酒井三郎『昭和研究会――ある知識人集団の軌跡――』講談社、一九八五年、四〇頁)。

図3-1　主要先進資本主義国の長期実質GDP成長率の推移

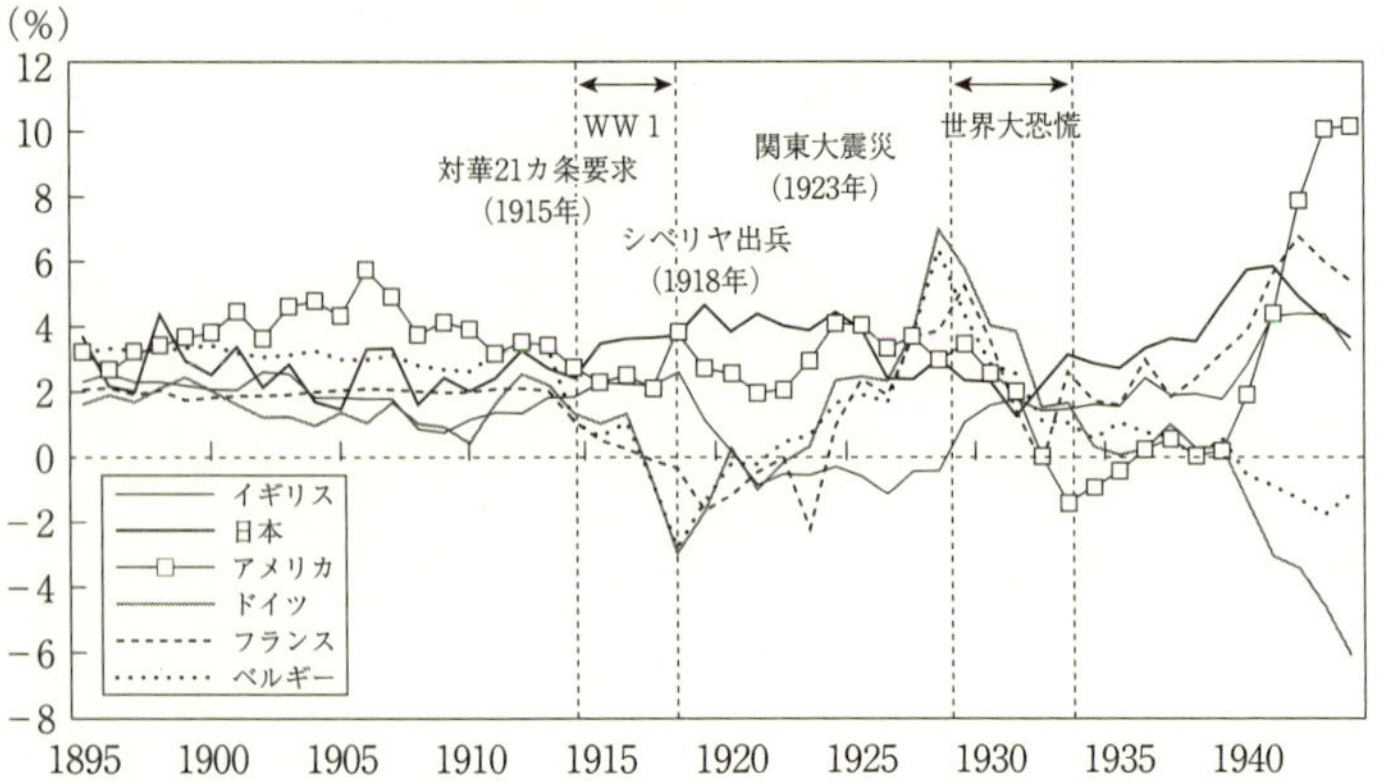

出典：安達誠司『脱デフレの歴史分析――「政策レジーム」転換でたどる近代日本――』(藤原書店、2006年) 図3-3を引用。数値は10年の平均成長ベース。

後藤が、青年団活動を通じた政治勢力の結集に、将来的な展望を抱くことができるような客観的な情勢は、少なくともこの時期存在していたということができるであろう。

一九二〇年代の危機の実相と後藤のヴィジョン

しかし、後藤ら新日本同盟に集った人々が考えていたほどに、日本経済が実際に〝行き詰まっていた〟のかという根本的な問題もある。新日本同盟の趣意書では、日本経済の行き詰まりはほぼ自明の前提として挙げられているが、同時に一九二〇年代を通じて「国民生活の実際を見れば奢侈浪費の風は尚改まる所なく、中央地方の財政も却つて膨張の趨勢を続け」(浜口雄幸『全国民に訴ふ』一九二九年)ていたとも、認識されている。

一九二〇年代の日本経済はよく「景況感なき

図3－2　長期的成長パターンからみる日本経済の発展段階

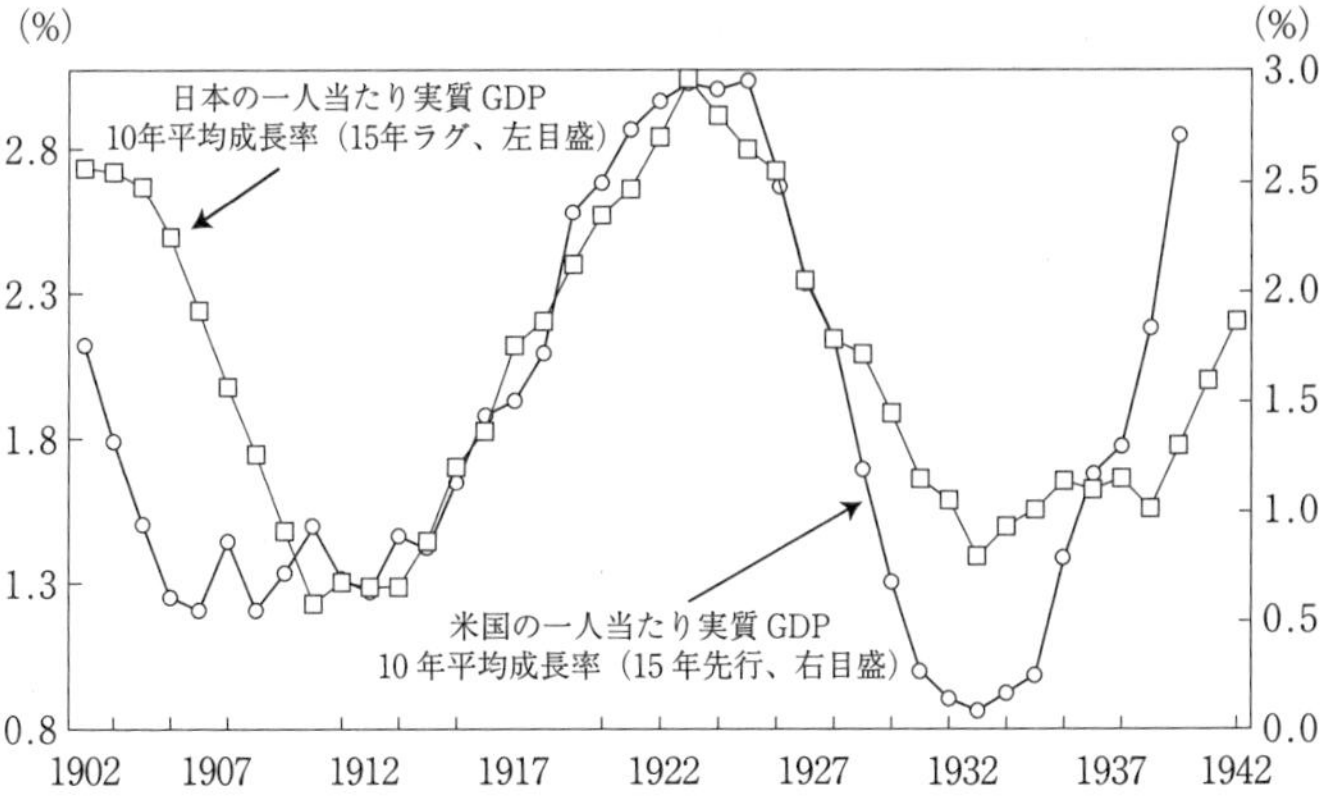

出典：安達、同上書図3－4を引用。

成長」の時代であったとも「成長のなかの不況」の時代であるともいわれる。しかし、国際比較の視点から観察するならば、同時代の実質GNP成長率（一九一〇〜一九二五年）は、他の先進国中もっとも高い水準を維持していた（図3－1参照）し、日本はアメリカと同じ成長パターンをたどっていた（図3－2参照）。そうでなければ、浜口がいうような奢侈的な国民生活や中央地方の財政膨張も不可能であったはずである。

一方で、このことは、都市と農村との格差がなかったことを意味するものではない。実際に、都市と農村、近代産業と在来産業、大企業と中小企業の格差は、のちに「二重構造」と呼ばれ、日本の重工業化過程における「構造問題」の一つとして考えられるようになっていたのである。

しかし、もしそうであるとするならば、むしろ問題は、都市化・重工業化が進展するなかでの適切な所得の分配政策のあり方と、それを支えていくマクロ的な成長政策の組み合わせをいかになすべきかであったはずである。都市化・重工業化が続いていけば、やがて農工間の労働力移動を通じて、全体の所得水準は押し上げられていったであろう。事実、一九二〇年代の工業部門の賃金はゆるやかに上昇し、都市化にともなう消費支出の増大は、低迷する投資に代わって景気を下支えした（太田愛之・川口浩・藤井信幸『日本経済の二千年　改訂版』勁草書房、二〇〇六年、二三五頁）。産業構造の転換にともなう一時の痛みは、むしろ積極的な成長政策の実施によってやわらげられるものであって、金解禁による急激なデフレ政策の実施によって不採算企業を一挙に淘汰してしまおうという「清算主義」は、国民に激痛のみを強いる政策でしかなかった。

しかし後藤の目には、必ずしもそうは映らなかった。なぜならば、都市の偏向的な発展は、日本の農村をますます疲弊させていく。そうすれば、後藤がその政治勢力の結集を期待する農村の力も、ますます衰えていかざるをえない。腐敗した政党政治を打破し、新たな批判力を有する勢力は、農村を中心とした地方の若者にあるのだから、都市中心の発展は、後藤にとって望ましいものではなかったはずである。

ここに、農工のバランスを統制（制御、コントロール）しながら、経済運営をおこなっていかなければならないとする発想が生じてくるのである。のちに後藤が陣頭指揮を執って展開する「経済更生計画」は、上からの統制と農村の自力更生を組み合わせることで、既存政治勢力に取って代わる地方農村における勢力の結集を企図したものであった。

注

（1）その点で水谷三公（前掲、二四二〜二四七頁）の分析には、ただちには賛同しかねる。
（2）内苑が完成したのは、一九二〇年。一九二六年の絵画館の竣工を以て、外苑も完成をみた。
（3）拙評（『週刊東洋経済』二〇〇五年五月一四日号掲載）も参照のこと。
（4）ここでは文明とさほど変わらない意味で用いられている。
（5）このパンフレットは、事務局の関口一郎が起草したといわれている。

第4章　台湾総督府総務長官時代

1　後藤文夫と伊沢多喜男

政治家への転身を志す

関東大震災後に警保局長を辞任した後藤は、三九歳という若さにもかかわらず、そのまま官界から引退するつもりであったという。また当時の慣例では特別任用職である警視総監、警保局長はその内閣と進退をともにし、退任後は貴族院の勅撰議員に推薦されることになっていたが、後藤はそれも断った。貴族院に入って老成するよりも、衆議院議員として政治家に立ちたいという後藤の希望がそうさせたといわれている（一四三頁）。衆議院議員として政治家に立つのであれば、水野錬太郎内相のもとでの警保局長時代には、明らかに政友会系と目されていた後藤にとってみれば、まずは政友会から衆議院議員に立候補するのが、政治家への近道ではあった。

しかし当時の後藤は、「新官僚」を結集して新日本同盟を立ち上げ、また青年団活動に関わるなかで、既存政党以外の政党を立ち上げ、後藤なりの理想の政治を実現する希望があった。伝記は、後藤の基本的な信念について、「元来後藤は議会民主政治の信奉者であった。おそらくこの信念は、海外留学中にイギリスの政党政治や議会のあり方を親しく見聞し、その選挙制度を深く研究したことによって固まったのではなかろうか。したがって後藤の政治家としての態度はイギリス流のステーツマン・シップに終始し、イギリス的議会政治を常に頭に描いていたとみてよいだろう」（同上）と述べている。

後藤は、イギリス型議会政治を実現するためには、まず粛正選挙を実施して地方政治の浄化を図ること、そして青年に対する公民教育を徹底し、腐敗堕落した既成政党とは違う新しい政党組織を実現しなければならないと考えていたのであろう。そのための新日本同盟（新党）結成であり、青年団活動（公民教育）の充実であった。

また第二次山本権兵衛内閣が成立して、警保局長を辞した際に、後藤新平内相からは熊本県知事への転出の誘いもあったが、後藤はこれを固辞している。内務官僚として中央の次官クラスを経験した官僚が、非職となった後、府県知事へ転出するというパターンは、めずらしくない。伝記は「後藤には何か期するものがあったのであろう」（一四七頁）として、当時の後藤が、新日本同盟を核に新しい政治の風を起こそうとしていたことを強調するのである。

伝記が挙げているような理由は、表向きのものとして一応納得がいくのだが、原敬暗殺以降の政党をめぐる離合集散の状況が、後藤に日和見を決めさせたのではないかという、少々うがった見方もできるように思う。実際、第二次山本内閣はシーメンス事件（一九一四年一月に発覚）によって短命に終わり、ついで成立した清浦奎吾内閣も、与党政友本党（ここには床次や水野、あるいは郷里の大先輩である山本達雄などが参加）に支えられていたとはいえ、総選挙では負けて退陣する。次いで成立した加藤高明護憲三派（憲政会、政友会、革新クラブ）内閣でも、憲政・政友の主導権争いの帰趨はまだはっきりとはしていなかったからである。政党政治家として立つべきか、あるいは別の道か、この時期の後藤にはそうした迷いと深謀遠慮があったのではないだろうか。

伊沢多喜男からの懇請

官を辞して政界へ進出するつもりであった後藤が、なぜ台湾総督府総務長官就任の要請を受けたのか。この点に関しては、伝記ほか、伊沢多喜男の伝記である『伊澤多喜男』(1)や丸山の回想録『七十年ところどころ』にも詳しく書かれているところであるが、要するに「キャビネット・メーカー」、「政界の黒幕」とまで呼ばれた伊沢の戦術が巧みであったということであろう。「巧みであった」と書くと、色々と根回しをおこなうというイメージが強いが、伊沢の場合はどちらかというと「背水の陣」方式であった。相手がどうしても断れないところに追い込んでいくのが、伊沢のやり方であったようだ。

また、伊沢からもっとも信頼されていた人物であり、のちに浜口内閣の下で警視総監を務めることになる丸山鶴吉が後藤の盟友であったことも、後藤の総務長官就任に不可欠の要素であった。丸山は、一九一九（大正八）年からの五年間、朝鮮総督府警務局長として朝鮮の治安維持に尽力し、その人望は朝鮮人民からも支持されたという。丸山が、植民地統治行政のやりがいを後藤に切々と語ったことは想像に難くない。「紙あしらいより人あしらい」といわれた内務官僚気質、プラス丸山の侠客肌の人柄が、後藤の台湾赴任を決意させたように思われる。

さらには、伊沢が、台湾総督府の刷新を目的に、まず人事で新風を起こそうとしたことも、後藤総務長官誕生に繋がった。若手官僚のホープを総務長官に抜擢するという伊沢のこの人事は、古株であった多くの局長知事が自発的に辞表を提出せざるをえない方向へもっていき、人員整理行政改革を断行するという手法であった。「これは確固とした年功序列制に基づいていた日本官僚制の盲点を突いたものであった」（加藤聖文「植民地統治における官僚人事――伊沢多喜男と植民地――」大西比呂志編『伊沢多喜男と近代日本』芙蓉書房出版、二〇〇三年、一三五頁）との評価もある。実際、伊沢の台湾総督就任によって、それまでの知事、局長は大幅に更迭され、「児玉源太郎以来の大刷新であった」と評された。さらにまた伊沢は、同年一二月二五日には台湾総督府官制を皮切りに、地方の末端に至る大規模な行政整理をおこなった。この大胆な行政整理は、「以後の伊沢のイメージを規定する重要な出来事となった」（同上、一一四頁）。

もっとも、伊沢の思惑や丸山の説得は別として、中学校時代から朝鮮か台湾で活躍したいとの希望をもっていた後藤であるから、総務長官というポジション自体に不満足であったわけではないだろう。問題は、やはり立ち上げたばかりの新日本同盟での活動や、青年団の活動を中途半端なままにしての台湾赴任に躊躇していたものと思われる。そのことは、台湾総督府赴任後もことあるごとに、東京に戻り、主要な会合や式典などに参加していることからも伺える。

しかし、新日本同盟結成によって政党政治の腐敗堕落を討つと気勢を上げても、社会情勢は確実に政党内閣制の方向へ動いていた。政治家として日本社会の諸問題を解決していくつもりならば、政党色を厭うだけでは改革は不可能であるとの判断が、賢明な後藤のなかにあったのかもしれない。「新官僚」といっても、体制内において穏健な革新の方向を志向している点では、急進的な「革命」勢力とは目指す方向性や政治手段も異なる。その意味で、後藤が台湾総督府総務長官になったのは、後藤が政治に関わりをもつ限り必然的に踏まなければならないステップであったともいえよう。そして、この台湾総督府総務長官というポジションは、まさに後藤の政治家への転身を決めた新たな第一歩となるのであった。

植民地行政官として

伊沢多喜男は、一八九五（明治二八）年、初代台湾総督として台湾征服を果たした樺山資紀以来、第一〇代目の台湾総督であり、一九一九（大正八）年に台湾が民政に移行してからは田健次郎(2)

から数えて三代目となる。総督は、いうまでもなく台湾行政の最高責任者であるが、総務長官はナンバー・ツーの地位に該当し、かつては民政上の最高責任者（民政局長、民政長官）であった。その台湾総督府民政長官としてもっとも有名なのは、おそらく後藤新平であろう。[3]
後藤新平は、後藤文夫が欧州留学時には内相を務めていた。後藤新平も児玉源太郎総督に抜擢されて総務長官になった点、後藤文夫と似ていなくもない。その後藤新平の台湾統治の方策は、いわゆる「飴と鞭」によるものであったといわれている。後藤新平は、徹底した調査事業をおこなって現地の状況を知悉した上で、経済改革とインフラ建設を進めた。また清国と同様のアヘン吸引が問題となっていた台湾において、アヘンの免許制と高率の税によって吸引者を減らしていく「漸禁策」を取ったことでも知られている。

伊沢の長兄である伊沢修二もまた台湾統治には関係が深かった。伊沢修二は樺山に招かれて初代学務部長に就任したが、「真に台湾を日本の体の一部分」とし「人の心の真底から台湾を同化する」目標をもって台湾人の教育に臨み、台湾人の「日本人化」には「精神を征服」することが重要だと考えた（原田敬一『シリーズ日本近現代史③ 日清・日露戦争』岩波新書、二〇〇七年、一一四〜一一五頁）。いわゆる「一視同仁」の同化政策の先鞭を付けたのが、伊沢の兄である修二であった。

伊沢多喜男が総督を自ら志願した[4]背景には、兄の影響も大きかったであろう。しかし、「統台以来、年久しくして、その行政に沈滞と情弊の色が濃く、一視同仁の大方針が、稍々《やや》もすれば謂はゆる植民地政策化する傾向もあつて、台湾人の中には、統治に対して不満を抱くものもあつた」（伊澤多喜男伝記編纂委員会編『伊澤多喜男』羽田書店、一九五一年、一四八頁）。伊沢は、まさにこのような台湾統治行政の弛緩の実態を自ら粛正しようと乗り込んでいったのである。伊沢は台湾に出発する前に、後藤文夫と一視同仁の内地延長主義を徹底することを打ち合わせていったという。後藤もまた腐敗する政治の粛正を、台湾で実行することに意欲をもったに違いない。実際、着任と同時に人事刷新と官制改革に着手するに際して、伊沢は、繰り返し台湾統治の対象は三〇〇万人の本島人であり、「我輩は台湾の総督であつて、内地人の総督でない」と啖呵を切ったという（同上、一四九頁）。

伊沢（途中、東京市長就任によって伊沢が退いたため、伊沢系官僚の上山満之進が後継）・後藤コンビが、台湾統治の実際においてもっとも力を注いだものは経済問題と教育問題にあった。いずれも台湾を内地と同等の生活文化水準にまで引き上げようとする方針に基づくものであった。教育問題では、台湾における帝国大学設置問題があった。すでに前総督時代からの懸案事項であったが、時期尚早論が強く、また後発のほかの帝国大学が理系（実学）中心であったことからもわかるように、作ったとしても「医学部、農学部程度に止めたいという意見が多かった」（同上）。しかし、伊沢は親交のあった幣原坦《ひろし》（喜重郎は実弟。東大教授を経て、当時、広島高等師範学校長）とこの問題を研究し、真に台湾の文化の発展の中心となる総合大学を作らねばならないという方針を打ち立て、法学部、文学部、理農学部を備えた台北帝国大学を創立することを決した

（一九二八年開学。初代総長は、幣原坦。開学時には文政学部と理農学部の二学部体制でスタートし、のちに理農学部は、理学部、農学部に分離、さらに一九三六年に医学部、一九四三年に工学部設置[5]）。

経済問題では、まず台湾米の内地移入問題に取り組んだ。当時、台湾米は内地での格付けがなされておらず、正当な値段での取引ができない状態であった。内地では米の安定移入のために台湾米が嘱望されていたが、格付けがなく、結果、価格が低ければ、移送コスト面でも生産者にインセンティブを与える上でも不利なことは明らかであった。伊沢はこの問題を解決すべく、関係官庁や取引業者の間に話を進め、台湾米の正当な格付けによる内地取引を可能にした。また戦前期、台湾米が「蓬莱米」というブランドで国内に流通していたことはよく知られているが、その名付け親も伊沢であった[6]。また当時は米の移入過多によって、内地では米の移入を制限しようとする議論が強かったが、伊沢はこれに断固反対して、むしろ米の海外輸出市場を開拓することによって解決すべきであると論じたのである（同上、一五二〜一五四頁）。

2 「昭和金融恐慌」と台湾銀行問題

「昭和金融恐慌」

一九二七年は昭和二年であるが、大正天皇の崩御は一九二六年の一二月二五日であったので、昭和元年はわずか六日間であった。したがって、昭和二年が実質的な昭和の最初の年といっても良いだろう。そして、この年の三月一五日、片岡直温蔵相の失言に端を発し、全国に波及していった金融恐慌は、「昭和」という名前とは違って、暗い戦前期を予兆するような出来事であった。

一九二〇年の「第一次世界大戦後恐慌」以来、経済界は大戦中の好景気とは打って変わって長引く不況に喘いでいた。もっとも先にも述べたように、経済史的観点からいえば、一九二〇年代は「好況感なき成長の時代」「不況のなかの成長」と評されるように、実質的な経済成長率は二〜三％と推計されており、経済発展がなかったわけではない。とくに、大戦中にインフラが整備された都市においては、大衆消費文化が花開き、マクロレベルの消費支出は増大していた。しかし、そのような状況のなかで企業の設備投資が低迷していた原因の一つには、関東大震災の際に発行されたいわゆる震災手形の回収が思うにまかせず、不良債権化していたという事実があった。また、第一次世界大戦後の国際金融秩序再編成、いわゆる再建金本位制への復帰を目指して、円為替がその実力より高めに誘導されていたことも、輸出企業を中心に厳しい条件下での競争を強いることになっていた。また十分なセーフティネットが張られていないなかで、中小零細の金融機関や特定の企業の機関銀行化していた金融機関に対する不安が、いつ金融パニックを引き起こしてもおかしくないような状況を作り出していた。「昭和金融恐慌」の発生は、マクロ的経済環境が悪化しているなかで金融システムの抜本的解決を図ろうとしていた矢先の出来事であったのである。したがって「昭和金融恐慌」を、片岡蔵相の失言とそれによる銀行の連鎖倒産としてのみとらえるならば、それは事件をあまりに矮小化した見方であるといえよう。

もちろん、「昭和金融恐慌」の直接の引き金となったのが、震災手形の処理問題であったことはいうまでもない。日銀融資の詳細をみてみると、大口債務者五七グループ六二社は、総計九六行から借り入れをおこなっていたが、大口債務者リストの首位は、鈴木合名会社（鈴木商店の持ち株会社）、鈴木商店の鈴木グループで、その保有震災手形は七一八九万円であった。これは、日銀特別融資の一七％、大口債務者総額二億一六五七万円の三三％を占めるものであった。また銀行側では、九六行中、震災手形保有額が一〇〇〇万円を超えるのは一〇行で、そのトップである台銀保有額は一億一五二三万円にのぼり、日銀融資の二七％、トップ一〇行の総額三億一〇〇〇万円の三七％を占めていた。さらに台銀保有の震災手形の六〇％に近い額が鈴木グループ、一八％が久原グループのために貸し出されていた（玉置紀夫『日本金融史』有斐閣、一九九四年、一七六頁）。したがって「極言すれば震災手形問題は、事実上、台銀・鈴木商店問題であった」（同上）のであり、「昭和金融恐慌」が、台湾銀行を機関銀行化しつつ政治にまで圧力をかけるほど巨大化していた鈴木商店による「企業犯罪」の側面をもっていたこともまた否定しがたい事実だったのである。

確かに台銀救済に奔走した後藤らの活躍によって、台湾経済そのものが崩壊する危機からは救われた。しかし、のちに井上準之助を会長とする台銀調査会で指摘されたように、一九一〇年代末頃から台銀の機関銀行化は進んでいた。台銀問題は、帝国統治下の植民地銀行のあり方の問題であると同時に、日本の金融システム全体の問題でもあった。

緊急勅令拒否、台銀休業

後藤は、台湾行政を預かる立場上、台銀の破綻は何としても避けるべく、金融恐慌が発生する前から議会に対して台銀救済法案の可決成立を働きかけていた。しかし、金融恐慌が発生してしまったために、台銀救済法案は可決されずに、そのまま議会は三月三一日に閉会してしまった。四月四日、政府は井上準之助を議長とする台湾銀行調査会を立ち上げ、五日の閣議で、関係各庁の高官、貴衆両院議員、日銀総裁・副総裁・理事らをメンバーとする委員を任命した。後藤ももちろんこの調査会のメンバーとなった。後藤は、若槻首相に対して緊急勅令を出して財政措置を講ずるべきであると進言した。若槻は、この提案をただちに受け入れ、枢密院に台銀救済の救済を諮詢した。

しかし、台銀救済の緊急勅令は、枢密院の反対によって挫折し、第一次若槻内閣はこれによって総辞職せざるをえなくなった。枢密院が緊急勅令案を拒否した理由として、当時の憲政会と鈴木商店との関係の深さが挙げられる。鈴木商店の金子直吉は政友会に近いといわれた三井物産への対抗心から、憲政会との紐帯を強めようとしていたのである。したがって、鈴木の機関銀行であった台湾銀行救済に憲政会内閣は動かざるをえなかった。しかし、伊東巳代治を議長とする枢

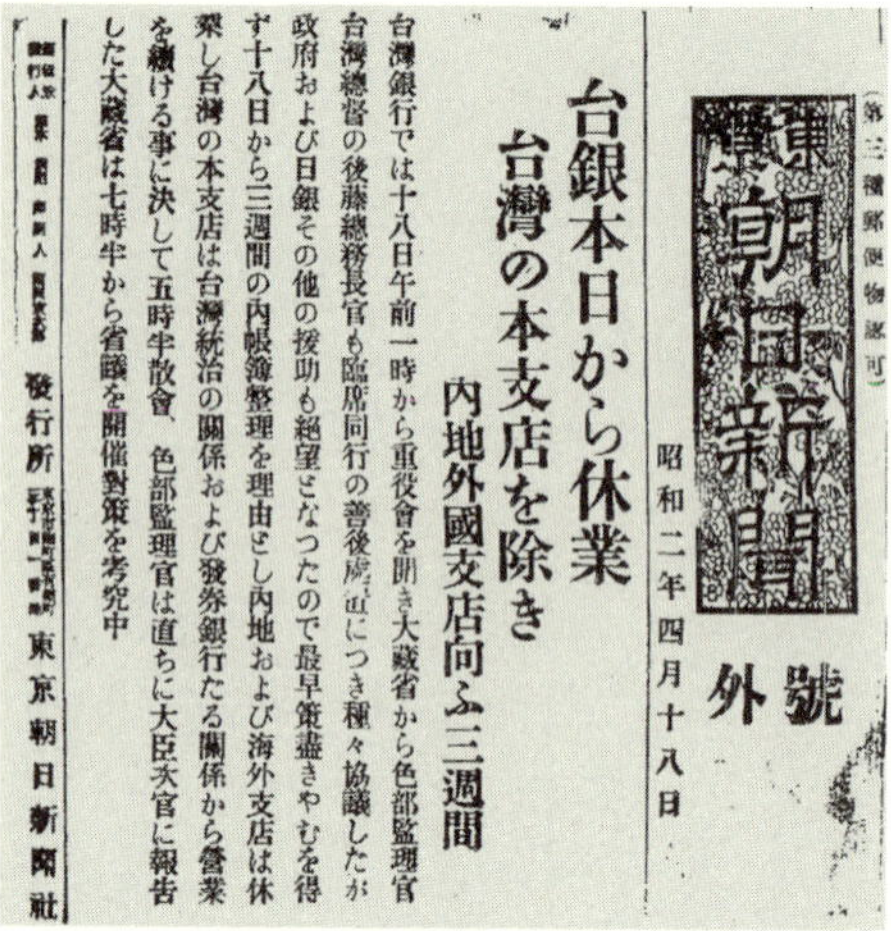
（第三種郵便物認可）

東京朝日新聞 號外

昭和二年四月十八日

台銀本日から休業
台灣の本支店を除き
内地外國支店向ふ三週間

台灣銀行では十八日午前一時から重役會を開き大蔵省から色部監理官台灣總督の後藤總務長官も臨席同行の善後策につき種々協議したが政府および日銀その他の援助も絶望となつたので最早策盡きやむを得ず十八日から三週間の内帳簿整理を理由とし内地および海外支店は休業し台灣の本支店は台灣統治の關係および發券銀行たる關係から營業を續ける事に決して五時半散會、色部監理官は直ちに大臣次官に報告した大蔵省は七時半から省議を開催對策を考究中

發行所 東京朝日新聞社

台銀の内地および外国支店の向こう三週間の休業を伝える『東京朝日新聞』（1927年4月18日号外）

密院は、憲政会内閣の協調外交路線を嫌って、緊急勅令案を拒否したのであった。

後藤は、伊東巳代治が台湾銀行救済に反対する事情を承知しており、事前にロンドン留学時代に知り合っていた珍田捨巳顧問官を訪問し、台銀救済の必要であることを陳情した。しかし、結局は伊東の反対を覆すことができずに、四月一七日、緊急勅令は不可となった。そして、枢密院の信認を失った若槻内閣は総辞職せざるを得なくなったのである。四月二〇日、次の組閣の大命は、政友会の田中義一に降った。

これより先、政府・日銀からの援助が絶望的となったことを受けて台湾銀行は、四月一八日未明（午前一時）から重役会を開き、大蔵省から色部貢監理官と後藤が臨席して、台銀の三週間の休業を決めた。しかし、この休業は台湾の本支店を除く内地と外国の支店のみに限定されたものであった。決定がくだされ、散会したのは午前五時半であった。

台銀の重役は、東京支店を休業する以上、台湾の本店も休業すべきだという意見で大勢が占められていた。一方を閉め、他方を営業していることは、債権者に対して公平を欠く措置となるから、一種の背任罪を形成しないかという意見が有力になったからである。しかし後藤は、台湾総督府顧問弁護士とも相談して背任罪にはならないことを確認し、台銀が台湾経済の中枢をなす中央銀行であるとの立場から、台湾の本支店の休業に断固反対した。後藤は台銀の重役たちに、「あなた方は台湾統治の責任を持っていないが、私は統治上の責任を果たせる処置をとらなければならない」と言い切ったという（一五五頁）。また大蔵省も後藤案に反対ではあったが、ほかに妙案もなく、渋々の黙認であった。また金融恐慌の際に、日銀券を大量に刷って（いわゆる裏白紙幣）、休業の風聞が立った銀行に運び入れ、パニックを収拾したことは周知のことであるが、台湾にも日銀券回送の指示が出ていた。しかし、内地でのパニックを台湾に飛び火させることにもなりかねないとの判断から、後藤は若槻にその中止を申し入れて、日銀券回送を中止させるという一幕もあった（一五五頁）。

関東大震災の際のような緊急事態における後藤の立ち回りは、この台銀危機の際にも遺憾なく発揮されたというべきであろう。しかし、正念場は田中義一内閣において台銀救済をどのように実現するかにあった。

高橋是清蔵相と後藤文夫

田中義一政友会総裁に組閣の大命が降るとすぐさま、後藤は、台銀救済問題が焦眉の急であることを告げて対応を要請した。初閣議には、後藤と森広蔵台銀頭取とが呼ばれ説明をした。後藤は、高橋是清蔵相にも直接、台銀救済を訴えに出向いた。後藤が高橋と会ったのは、このときが最初である。後藤は、こういう状態になった以上、救済が先決であり、躊躇していれば台湾にも火が点くと、事態の緊急性を訴えたが、高橋は「鈴木商店にむやみに貸し出しをして、回収不能になるような不手際なことをした銀行なんか、国費では救済できぬ、つぶれたってかまわない」という断固たる立場であったという（アドバンス大分、前掲、二八頁）。

のちの「滞貨生糸問題」（後述）の際にも、高橋は生糸の政府買い上げには反対の立場を取るのだが、台銀救済でも、滞貨生糸問題でも、最終的には財政出動を決断している。高橋は、なぜ最終的に財政出動を決断したのであろうか。

後藤は、台銀が単なる一銀行ではなく台湾の中央銀行としての機能を果たしていると幾度となく主張している。台銀がつぶれてしまえば、台湾島内でのさまざまな産業に大きな影響を及ぼす。ことに製糖工場にサトウキビを供給している農家に対して支払いが滞るという事態になれば、農業から各産業への危機の波及は必至であることを、後藤は強く訴えた。

また当時の台湾では日中両国人が出資した工場も数多くあった。そのため、中国からも台湾銀行の救済が要請されていた。四月一二日の上海クーデターを起こし、一八日南京国民政府を樹立していた蒋介石は、四月二三日、田中首相宛に「台湾銀行が特殊銀行でありしばしば政府の声明ありしに信頼して従来取引をなせしところ、今回の休業により日支人経営の工場および経済界に打撃を与へること少からず。もし同行を早急に復旧せしめざれば、国交上事重大なるべし」との電報を送ったと新聞は報じている（『東京朝日新聞』一九二七年四月二八日夕刊一面）。さらに台銀信用問題は、さらに南洋貿易の金融にも影響を及ぼす様相を呈していた。同じく新聞は、「台銀の休業は南洋貿易の危機　対外信用失はれて　現金取引以外は行はれず」と、横浜正金銀行や三井銀行の振り出した保証付き小切手まで外国商人との取引に用いられなくなるような状況が発生していると伝えた（『東京朝日新聞』一九二七年四月二九日夕刊一面）。

このように、台銀の破綻は、単に国内の問題のみならず、海外に対しての政府の信用失墜に繋がる可能性もあった。まさにこのことが、高橋の決意を大きく動かしたのではないだろうか。また国際金融畑の専門家を自他ともに認める井上準之助が、再三再四、高橋のところに出向いて説得したことが、高橋の決断に繋がったといわれているが、おそらく井上はこうした政府の対外的信用問題を軸にして高橋を説得したのであろう。井上は、のちに高橋に懇請されて二回目の日銀総裁に就任する。この起用は、ほかでもない高橋が井上の手腕と判断を評価してのものであった。かくして台湾銀行のための二億円の日銀特別融通と、経済界に対する五億円の政府保証融資を可能にする救済法案が、五月九日可決成立した。

後藤は、こうした高橋の決断について、あとから人づてに次のように聞いたと述べている。

「高橋さんは、やるとなったらケチなことをしちゃいけないんだ。人が予想するちょっと上を越したことをやらないと人心は安定しないんだということをいわれたというのですね」（『人物政治史料　後藤文夫㈡』早稲田大学図書館蔵：書写史料、一九六九年、八四頁）。

高橋がその高齢（当時七四歳）にもかかわらず、蔵相として人心を収攬することができたのは、もちろんそのカリスマにもよるのであろうが、こうした金融に対する独特の勘をもっていたからでもあろう。後藤は、高橋に対して、「やるとなれば思い切ったことをやった。一種の見識の高いところがあると思って、それには感心しましたね」（同上、八五頁）と述べている。

その後、斎藤実内閣のときの生糸滞貨問題や、米穀統制法問題、あるいは農村救済に際しての経済更生計画実施等、後藤は高橋と同じ閣僚として政策運営にあたることになるのである。これらの問題への対処の仕方についての後藤と高橋のスタンスの違いについては、第6章でまたみることにしたい。

総務長官を更迭される

後藤は、のちに回想のなかで、もし台銀危機の際に、内閣が緊急財政措置を取らないということになったら、ただちに台湾へ戻り、「中央政府が何をいってきても、これに従わないで、独自の政策をすすめ、台湾に不安を起こすようなことはしないから、安心してもらいたい、という布告を出す決心でいた。そういうことになると、一種の反政府、中央政府に叛旗をひるがえすことになるわけだ。台湾では警察権は握っているが、結局軍隊が出動することになるだろうし、私も最後になると覚悟も決めていた」（一五九頁）と語っている。治子夫人もこのとき青酸カリを忍ばせていたという。

中央政府に叛旗を翻すことになるかもしれないという後藤の覚悟が、どこまでのものであったのかはわからない。しかし、後藤をともなって総督府に赴任してきた伊沢多喜男は、先にも述べたように、「僅か何万人の日本人のために来たのではない、何百万人の本島人のために来のだから、本島人のための統治をする。日本の利権屋のために来たんじゃない」と語り、「アイルランド自治領みたいにするのが理想だ」と常日頃述べていた。実際、伊沢の後を継いだ上山も、本島人優先統治政策を継承した（飯沢匡「官僚政治の幕間話〔聞き手　粟屋憲太郎〕」『資料日本現代史月報第9巻「二・二六事件前後の国民動員」付録』一九八四年一月、九頁）。伊沢多喜男、上山満之進という二人の台湾総督に仕えた後藤が、彼らの理念・理想に共感していたことが、先の発言の背景にはあったと考えられる。

しかし、ギリギリのところで台湾銀行への「公的資金注入」が決定し、台湾経済は危機を回避することができた。その後、台湾銀行調査会の議を経て、政府は台湾銀行の根本的処理をおこない、改革が進められた。田中内閣が成立してから一年余りの間、上山総督と後藤総務長官はその職にあったが、中央では政友会の鈴木喜三郎内相による粛清人事と、台湾総督・総務長官排斥運動が起こっていた。後藤にしてみれば、命まで張って台銀問題で奔走したにもかかわらず、自分を民政党系官僚としてレッテル貼りをし、デマなどまで流して引きずり下ろそうとする政党どうしの対立は、腐敗堕落以外の何ものでもなかったに違いない。

結局、一九二八年四月に特命検閲使として久邇宮邦彦王《くによし》が訪台した折、久邇宮が朝鮮人青年に襲撃されそうになった事件の責任を取る形で、上山総督、後藤総務長官、二人は辞表を提出し、六月二六日免官となった。後任は、政友会系の川村竹治、総務長官には河原田稼吉が着任した。(7)

「川村竹治は水野錬太郎内相の下で内務次官となり、満鉄総裁に転出した人である。河原田稼吉はその後犬養毅政友会内閣の中橋徳五郎内相のときに内務次官に起用されている。やはりそこには政党を背景とした人脈があることがわかる」と、伝記は、後藤の総務長官解任事情について、政友会による「党色人事」が働いたことを示唆しているのである（一六四頁）。

注

（1） 伊沢多喜男（一八六九〔明治二〕～一九四九〔昭和二四〕年）は、一八九五年に帝国大学法科大学を卒業後、内務省に入り、以来、和歌山県知事ほか各県知事、警視総監、貴族院議員、台湾総督、東京市長を歴任、ついで枢密顧問官となった。「伊沢は官界での経歴を背景に、自身は直接表舞台に立つことを避けながら政党有力者・重臣・首相クラスの政治家たちと強い関係を有し、主に大正後半から昭和戦前期の政界で隠然たる実力を発揮した。伊沢は国家官僚と同時に政治家として国政に深く関わり、その政界活動と人的ネットワークは、内閣中枢から地方政治、植民地統治に及んだ。昭和期に政界で喧伝された「伊沢閥」あるいはその影響下にあった「新官僚」などは、その一つであった」（大西比呂志編『伊沢多喜男と近代日本』芙蓉書房出版、二〇〇三年、一～二頁）。

（2） ニュースキャスターから参議院議員（二〇〇六年に引退声明）となった田英夫は、孫に当たる。

（3）後藤新平は、最初は民政局長として着任。在任中に職名が民政長官となった。

（4）伊沢多喜男は、加藤高明首相から組閣の際に入閣を懇請されたが、「自分は閣僚として仕事をすることは適任ではない。むしろ、閣外から援助したい」「強ひて自分が希望することを言へば、台湾総督にして貰ひたい、それならばどうにか自分にも勤まるだろう」と言ったと伝えられている（伊澤多喜男伝記編纂委員会編『伊澤多喜男』羽田書店、一九五一年、一四七頁）。

（5）医学部は南洋の伝染病などの研究のため、工学部は南洋資源の開発のため、といずれも南進の国策に沿って設立されたものであった。

（6）台湾米の改良は、すでに磯栄吉によって進められていたが、一九三五年には内地米と変わらない食味をもつ「蓬萊米」も誕生していく。

（7）香淳皇后の父。

第5章　「昭和恐慌」――「危機」の具体化――

1　浜口民政党内閣期の後藤

「浪人時代」の後藤のポジション

後藤が台湾総督府総務長官を事実上解任されて帰国してからほぼちょうど一年後、田中義一政友会内閣は「張作霖爆殺事件」の責任を取って総辞職し、一九二九（昭和四）年七月二日、浜口雄幸民政党内閣が誕生した。この政変は、浪人していた後藤の去就にいかなる影響を与えたのであろうか。

民政党が政権についたのであるから、「民政党系」と目されていた後藤にもさまざまな要職人事の噂が立った。たとえば、浜口内閣成立直後の七月七日には、内務省社会局長官を五年間務めていた長岡隆一郎の後任人事に名前が挙がった。内務省社会局は、一九二二（大正一一）年、第一次大戦後の社会情勢の変化に対応して内務省旧社会局と各省の労働関係業務が統合され、内務省外局として誕生した新しい役所である。各専門分野のエキスパートが集まり、当時最先端の課題であった「社会問題」に取り組んだ役所であった。とはいえ、内務省警保局長を経て台湾総督府総務長官まで経験した後藤の官歴からすれば、役不足の感は否めない。また一九三〇年、前東京市長・堀切善次郎の後任人事にも後藤文夫、永田秀次郎、丸山鶴吉の名前が新聞紙上に挙がった（『東京朝日新聞』一九三〇年五月二一日、朝刊二面）。東京市長は大物ポストではあったが、堀切善次郎は内務省入省年次からいえば、後藤の一期後輩にあたる(1)。すでにこのとき後藤は、第四代日本青年館理事長に就任したばかりであったこともあって、後藤東京市長誕生とはならなかった(2)。結局、民政党がらみの人事では、一九三〇年末に貴族院議員の補充によって、湯川寛吉、各務鎌吉、村山龍平、本山彦一、松浦鎮次郎《ちんじろう》らとともに勅撰議員になったくらいであった。もっとも、既存政党批判の立場に立つ後藤の政治的信念からいえば、勅撰議員というポジションそのものは、後藤の望むところであったであろう。

いずれにせよ、この民政党政権の約二年半の間（一九二九年七月二日〜一九三一年一二月一三日）、後藤は、在野において浜口内閣をサポートしている。

たとえば以下の引用文をみてみよう。これは、浜口に大命降下する直前に、後藤が「自由な」立場から、協調会においておこなった講演（「我国政党政治の推移と其批判」）の一部である（のちに新日本同盟のパンフレットとして一九二九年八月に発行)。

「また経済の方面におきましても繁栄と幸福のみであって、困難や苦痛が存在しない時代はないだろうと思う。何時の時代にも、その時代、その社会において何かしら憂うべき事情が存在することは止むを得ませぬ。しかしながら他の半面において何か全体のものを惹きつけるような[、]精神を爽快にするような、現在に苦しくても、将来に大きな光明を認めしむるような何か光明が輝いて一般的には気力のある、力強い傾向が流れているということが普通であろうと思います。

しかるに現代の傾向を見ますると、社会事情のいずれの方面を見ましても、如何にも頽廃的な気分のみ濃厚である。……無論、今日の思想の激流の中には一部に非常な急進的な傾向もあります。この急進的な傾向の流れに棹さしているものは、その思想、その主張の当否はしばらく別として、かなりの熱と意気とを以て動いているものも存在しているようであります」(一一一頁)。

デフレ政策を断行し、不採算企業の清算をおこなうことで「行き詰まり」を解決しようとした浜口や井上準之助は、〝現在苦しくても将来において光明を求める〟というレトリックをしばしば用いた(3)。後藤文夫の上の講演にも、そうした「我慢主義」のレトリックと左右を問わない革新思想に対する同調的色彩を読み取ることができるであろう。

浜口民政党への期待と支持

右の後藤の講演は、その論題名からもわかるように、日本の近代化過程における政党政治の推移について顧みると同時に、既存政党による政治体制を批判し、その改革の方向性を論じたものであった。後藤は、「革新が達成されると、それから暫くの間というものは、いわゆる没理想の時代がくる。理想の在る所には自から《ママ》道義が認められるのであります。善悪邪正の標準が、人心の間にはっきりとするのであります。没理想の時代がくれば、没道義の現象が同時に現れてくるのであります」（一一二頁）と述べ、明治維新以来の革新が達成された当時の状況は、まさに没理想＝没道義の社会現象が蔓延する時代であるという。

さらに後藤は、同時にそれは没批判の時代であると述べるのであるが、この点、ユニークな現状認識が現れている。後藤は、さまざまな批判が国民の間でおこなわれているが、それらは「公正にして普遍的な態度を欠いて」（同上）いるという。とくに急進的な改革論者の批判は、「わが国の事柄でもあるには相違ないが、またよその国の事柄でもあるような感じがする」（同上）のである。ここでいう急進的な改革論が、社会主義のそれであることは間違いないであろう。では、後藤の考える「公正にして普遍的な」批判とは何か。

後藤は、「社会の相当の数の人々が同じ立場を以て同じような態度で批判をしておるときに社会的な批判が成り立つのであり」「社会の上に社会的の革新というものが見出される」（一一三頁）と述べ、現状の日本社会にはこのような批判がまだおこなわれていないから、「没批判」の時代であるとしている。

ここで後藤が述べている「社会的な批判」という概念に、ルソーの「一般意思」のような性質のものを読み取るのか、あるいは、社会全体が同じような批判をおこなっている社会は、全体主義の社会にほかならないと糾弾するべきなのか。

「一般意思」は決して代表されないというルソーの考え方は、しかし、現代社会において全体主義のイデオロギーに容易に転化する。後藤の「社会的な批判」というレトリックに、代議制の欠陥を鋭く指摘し、直接民主制を唱えたルソーの「一般意思」に近いものを見出すことはあながち的外れではあるまい。いずれにせよ、後藤にとって「没批判」の状況は、政党が互いに相手を攻撃するような、批判のための批判が横行する状況のことを指していた。

政党政治がなぜ「如何にも堕落したようになってきて」（一三六頁）いるのか。後藤は、恒産なくして代議士、政治家になるものが出てきたため、「政治家になることを営利の一つの手段に考える者」（同上）が多数となり、「品格を自ら維持していくような、かなりに強い良心の動きを持っておった人が少なくなった」（同上）からであると述べ、そうした一種の「士魂」のような精神をもった政治家が少なくなってきてしまった以上、恒産をもって議員生活に入っても、恒産をなくしてしまうか、恒産を維持して不評判の人として終わるしかないのだと結論づける。

そして「国民の判決が政党の上にかかるということ」（一三七頁）であるのだから、結局のところ、そうした腐敗堕落した政党政治を許してしまっているのは、国民に批判力が足りないからということになる。

「国民に一種の理想があり、国民にその進むべき目標がはっきりしておるということであれば、政党を批判する、批判の標準が出来てくるのであります。政党が政権を取ったならば、こういうことをやってもらわなければならぬという、はっきりしたものがあれば、政党はそれを行わなければならぬのであります。国民自身が没批判となり、没理想に陥っておるのであります」(同上)。

ではどのようにすれば、国民自身に理想をもたせ、政治改革をおこなうことが可能なのか。後藤は、「国民の政治的覚醒、自覚ということの教養が必要であります。また国民の道義精神の復興を図るということが必要であります。さらにこれよりも必要なる事柄は、高尚なる国民的目標の明らかなるものを掲げて、これを提唱していくということであります。要するに明治維新の当初のような形を文字で表すということであります」（一三八頁）と述べる。そして、こうした改革を推進していくには、「政治勢力の内容を構成する力の強いものが出てこなければならぬのであります。経済的の点からいい、法規の点からいい、政治的資格を持っておるという点からいって、全部この政治改革を担当するに足る人の中から相当な勢力結成というものが、ここに出てこなければならぬと思うのであります」（一三九頁）と主張する。「政治改革を担当するに足る人の中から」現れてくる「相当な勢力結成」とは具体的に何を指していたのであろうか。

後藤の講演の内容とこの時期の後藤の立場から推して、それは浜口民政党内閣を指していたと考えられる。この講演の前年の一九二八（昭和三）年二月二〇日に実施された初の普通選挙では政友会が二一七議席、民政党が二一六議席とほぼ拮抗していた。しかし、この講演がおこなわれた直前には、田中義一内閣が瓦解し、金解禁によって国民生活の粛正を企図した浜口民政党内閣が登場してきた。後藤が、民政党の政策に「国民道義精神」復興の予兆を感じ、「政治勢力の内容を構成する力の強いもの」として期待をかけていたことは間違いない。

また、伊藤隆は、浜口内閣も官僚やインテリ層の支持を調達しようとしていたと指摘し、次の丸山鶴吉と後藤の証言を引用している（伊藤、前掲、六〇～六一頁）。

「浜口総理大臣は、元日銀総裁井上準之助氏を大蔵大臣に擢用して、金輸出解禁を断行すると同時に、徹底的なデフレ政策を強行して、我国の危機に瀕した経済界の挽回を謀る非常な決意を表明した。田中内閣の相次ぐ秕政《ひせい》に憤激していた国民に一種の頼母しさを感ぜしめた。私も浜口氏なら屹度《きっと》最後まで頑張るだろうと、秘かに期待を持った」（丸山鶴吉『七十年ところどころ』一九五五年、一四〇頁）。

「別に浜口内閣と特別な関係というものはありませんでしたが、浜口内閣には私の先輩で知っている方が沢山おられましたし、浜口内閣があの当時国政を担当するのが一番いいと思っておりましたね。まあ浜口内閣に対する一種の好感をもって考えておったという事は事実です。新日本同盟の人たちの考え方はいい政党政治を実現して、日本の議会政治っていうものを本当に国民の信頼あるものにしていこうと、まずその基本は田沢君の熱心だった政治教育などに力を入れなきゃいかんといった様な考え方でありました。浜口内閣はそれに大いに努力する内閣だという風にいちおう期待をかけた訳でありました」（一九六五年二月二日後藤談話、伊藤、前掲）。

はたして金解禁断行を成し遂げた浜口民政党内閣は、一年後の一九三〇年、第二回総選挙において、国民に新しい理想を与えるものとして、圧倒的な支持を得たのである。

2　政治教育と地方の組織化

青年団活動を通じての地方青年の教育と組織化

浜口内閣時代、右のように、後藤は、新日本同盟の講演活動などを通じてその政策を支持した。しかし同時に、後藤がもっとも力を入れた活動は、何といっても青年団活動を通じての地方青年の教育と組織化を推進することであった。

後藤が台湾から帰ってきたとき、日本青年館・大日本連合青年団理事長は井上準之助が務めていた。しかし、井上が蔵相に就任したため、理事長ポストは空席となった。日本青年館・大日本連合青年団は、理事長不在のまま田沢義鋪が理事長代行として事務全般を切り盛りしていた。しかし、いつまでも空席にしておくわけにはいかないということで、後藤、田沢、丸山は一木喜徳郎や井上準之助に後任理事長の周旋を依頼した。しかし、両名とも「若い者でやれ」ということで、一九三〇（昭和五）年一月二八日、後藤の理事長就任が決定した。新聞はこの人事を、「同氏は日本青年館と深い関係あり、その設立当時からの熱心な尽力者であり、又連合青年団組織の際にも主として同氏に負うところが大であった」ので、まったくもって適任であろうと報じている（『東京朝日新聞』一九三〇年一月二九日朝刊一一面）。

後藤は、この理事長職を一九三四年七月、岡田内閣の内相に就任するまでの四年半のあいだ務めた。後藤理事長を助けて、この時期の青年団活動を盛り上げていったのは、いうまでもなく田沢義鋪である。田沢は、一九三一年二月、念願であった青年団の指導者養成所（青年団講習所）を設置し、その所長に友人の下村湖人を迎えた。田沢、下村による青年団の活性化については、下村自身が『次郎物語』第五部で描いている。また伝記も、「六年という短い期間であったが、浴恩館における青年団講習所の実践は、日本青年館の歴史の中で不滅の光彩をはなっているということができる」(三一九頁)と書いている。さらに戦後、一九七五年、日本青年館創立五〇周年式典で、理事長・小尾乕雄《おびとらお》は、[4]今後の日本が切に求めているものは、立身出世主義ではなく、「じっくり足を郷土に落ちつけ、郷土そのものを錦にしたいという念願に燃え、それに一生をささげて悔いない青年、そうした青年が輩出してこそ日本の国土が隅々まで若返り、民族の将来が真に輝かしい生命の力にあふれるのであります。――この理念こそ、創立から現代まで青年館の根底を流れる思想であり、哲学であるといえましょう――」(同上)と語ったという。

ここで、当時のエリート官僚中のエリートであった後藤や田沢、そして丸山らが「立身出世主義」を批判し、「郷土そのものを錦に」という若者を育てようとしている逆説を嗤ってしまうことは容易い。しかし、この理念と現実のギャップこそ、当時の日本の青年団活動、ひいては農村と都市の問題にまとわりつく問題の核心の一つであった。そして、このギャップは、後藤が農相・内相時代に青年団や産業組合を通じた「経済更生計画」を主導し、あるいは選挙粛正運動を展開していくなかで直面した矛盾でもあった。後藤や田沢の運動が、主観的には「リベラリズムの稜線」[5]に沿ったものであったとしても、それが上からの運動であり、個人主義・自由主義を「統制」していく機能をも期待されたこともまた事実なのである。

しかし、日本の農本主義思想の研究者である綱沢満昭は、田沢の次のような言葉を引きながら、青年団活動において唱導された修養主義が、同時に滅私奉公的全体主義へと繫がっていく危険性に対して、田沢は、国家権力の横暴を否定し、無政府主義さえ認めていたと述べる（綱沢満昭『柳田国男讃歌への疑念──日本の近代知を問う──』風媒社、一九九八年、一九四頁）。

「国家権力の濫用が、いかに人間性の正しき発展を妨げているか、そのために、いかに悲しむべき現象がこの地球上に起こったか、そういう事を考える時、社会主義が資本主義社会に重大なる警告を与えたのと同じ意味に於て、強権的国家思想に対する一つの意義深き抗議としての無政府主義の文化的価値を十分に認めたいと思う」（「道の国日本の完成」『田澤義鋪選集』一九六七年、七一頁）。

後藤が、田沢と同じように明確に強権的国家思想に対する否定的な主張を述べていたと判断できるものはない。しかし、たとえば以下にみるような後藤の論説では、青少年に対する公民教育の重要性を論じ、上からの専制政治の道具となりがちな新聞メディアの危険性を指摘しつつ、議会政治の基盤となりうる世論の形成の重要性を指摘しているのである。

政治教育シンポジウム①　大島正徳

後藤文夫は、社会教育問題・政治教育問題に対してどのような考え方をもっていたのであろうか。つぎに、後藤の政治教育に対する考え方について、『岩波講座　教育科学　第九冊』（岩波書店、一九三二（昭和七）年）誌上での「政治教育の問題シンポジウム」に掲載された後藤の論説を手がかりに探ってみたいのであるが、後藤の所論をみる前に、このシンポジウムの性格とこれを提起した大島正徳について触れておく。

まず、このシンポジウムは、一九三一年、文部省が中学校、師範学校、実業学校の規定を改正し、新たに「公民科」を設置したことをきっかけに、帝国教育会専務主事であった大島正徳が「提案者」となって基本論文を寄せ、それについて各人が論文を書くという形でおこなわれたものである。具体的には、「公民教育とは何か」「政治教育と公民教育とはどこが違うか」などについて、大島正徳が持論を展開し、それに対して、服部教一、林博太郎、片山哲、鹿児島登左、吉野作造、田沢義鋪、武藤山治、山口義一、後藤文夫、赤松克麿、三輪寿壮が、各人の議論を展開している。

次に、この問題提案者となった大島正徳とはどのような人物であったのか。簡単にプロフィールを紹介しておく(6)。

大島は、一八八〇（明治一三）年に神奈川県に生まれ、一九〇四年に東大哲学科を卒業後、一高教授、東大助教授を経て、一九二五（大正一四）年に東京市教育局長に就任した。一九二〇年以降、帝国教育会評議員を務め、一九三〇年から五年間にわたり専務主事を務めた。四度にわたって世界教育会議に日本代表として参加し、三七年に東京で開催された世界教育会議では事務総長を務めた。大島は、教育を通しての国際協調を希求し、戦後は教育刷新委員会の委員として教育改革にも尽力した。大島の教育に関する理念・思想は、一国中心主義を排し、国際的紛争は武力を用いず平和的手段で解決を目指すことにあったといわれている。

さて、このような国際派の大島の政治教育に関する問題提起はどのようなものであったのだろうか。まず大島の主張を聞こう（以下、引用は前掲誌、三～一八頁より）。

大島は、公民教育としての政治教育とは、「立憲自治制下に於ける国民としての知識並に修養を意味する」のであり、「市町村生活の一員としての公民生活に関する心得と、同時に、広く国家の政治生活に参与し、その国家生活を理解することを当然の本務とすべき者の心得とを含んで居る」ものであると述べる。しかし、これまでの法制経済の学科においては、知識は授けられてきたが、「それ等の知識を如何に実際生活に用ひ、又実際生活は如何様に法律的経済的組織で編まれて居るかを明かにし、実践的にその生活に処する心得を授くるものではなかった」と批判する。法制経済の知識を授けるだけでは「折角公民科と銘打つて、人に重きをおいた意義が出て来ない」のであるから、その意味で「公民科は修身科と手を握らねばならぬ」。

また、公民教育・政治教育は、全国民を対象とするものでなければならず、現在は公民権のない女子も、また軍人に対してもその教育の必要性が大いにあると大島は説く。とくに、軍人は政治に関与することが直接は許されないとしても、「立憲国民たる自覚を持つて居なければ、政治に参与する機会を得た時に、大なる間違ひを生じないとも限らぬ」からである。大島のこの危惧は、のちに現実のものとなって立ち現れてくることは指摘するまでもない。

一方で、現今の立憲政治の様態はどうかといえば、「実は政党が大をなす様になると同時に、その腐敗は極端に達して来た。実質的には官僚軍閥以上の腐敗を重ねて居」り、政党はあたかも「利権株式会社的なものになつて来た」との認識が示される。本来立憲政治を支えるはずの政党の腐敗がここでも厳しく糾弾されている。こうした政党腐敗は、第一次世界大戦後の危険思想の台頭を促してきた要因である。したがって、社会主義思想も、ファッショ運動も、政党政治が非立憲的であり堕落しているがために、その「行き詰まりに対する打開策として考へられた思想運動」なのである。(7) 大島は、これらの思想運動が現代政治の腐敗を憤慨してのものであることには異存がないとしつつも、「我々は、明治天皇によつて制定せられた立憲治下の国民として、飽く迄も立憲政治の長所特質を発揮しなければならぬ」としている。

ではどうすれば良いのか。「本を正せば、その［腐敗した］政治家を生み出したのは我々国民の選挙に由るのであるから、国民を挙げて選挙意志の公明正大を期し、そこに古ながらの忠君愛国の思想を植ゑ付けるのでなければ、現状を匡済することは決して出来ない」のであり「政治教育は、より多く強く選挙意志の浄化に注がれなければならない」。これが、大約、大島の政治教育についての主張であった。

政治教育シンポジウム② 後藤文夫

これに対して後藤は、「政治教育の必要に就いて大島博士の通論せらるゝところは大体に於て至極同感である」と述べ、「今日我が立憲代表政治の実況が甚だ不満足なものであることは国民一般に痛感せられて居るところで、其の運用の実勢力である、そして此の現状に対して多分の責任を負はねばならぬ政党の人々すら之を認めて居る」と現状認識を示している（後藤論説は前掲誌、七一～七六頁。以下、引用は七一～七六頁より）。そして後藤は、大島が「政治教育は、より多く強く選挙意志の浄化に注がれなければならない」とした国民全般に対する政治教育の内容に関して、別の角度から次のような三つの意見を述べている。

「第一に我が立憲政治の機構に関する認識を明確ならしむることである。夫れは外形的構造組織の単なる説明でなく、各々重要なる機関の職分責任に対する簡明単的《ママ》なる認識を与ふることを要する。それと同時に自己の国民としての立憲政治の中に於ける立場、すなわち法制上の及事実上の権能及責任の明確なる認識を与ふることである」。

後藤がここで注意深く「法制上の及事実上の権能及責任」と述べていることは、興味深い。法律に記載されていないことでも「事実上」各国民はさまざまな権能（権利）を有しているとしているのである。

「第二は政治道徳の養成である。国民として政治上の権能又は義務責任の遂行に関する道徳心の堅確なる鍛錬を与へねばならぬ」。

大島が「公民科は修身科と手を握らねばならぬ」と主張していることと、相通じるものがあるだろうが、誤解のないように付け加えておくならば、後藤が主張したいのは、単なる精神論ではなく、「現代事象の複雑微妙なる極めて不道義な事が巧に扮《ママ》飾せられて通常人の道徳的批判を逸脱せんとする場合がある、従つて政治上の悪徳行為に対する厳正なる道徳批判は実例に依つて明確に挙示して批判力の訓練を国民に与ふる必要がある」ということなのである。かつて『斯民』に掲載された「文明を支配する人格の躍進」という論説で、「修養」が、単に過去に考案された徳目に基づくものではないと述べたのと同じ論理がここにも看取できるであろう。さらに「道徳心の堅確なる鍛錬」は、第三として主張している「政治教育は政策に関する批判力の養成をも其の任務とする」とも関連することである。後藤はこう述べる。

「今日国家の政策上の問題は複雑多岐である、又政策決定の諸条件は変化極まりなきものである、従つて一切の社会事象に関する智識経験が凡て政策批判力の教養となるわけであるから、凡ての教育、学校に於ける又学校外に於けるあらゆる教育的施設が政策批判力の養成を自ら助けるものである」。

そうであるからこそ、「過去の事実として已に是非の論定まつている問題を提へて当時如何なる賛否の論あり、其の実行の結果が如何なる事となつて後日に至り、其の批判は如何に定まつたかと言ふことを示すのは極めて有益なことである」と、歴史に学ぶことの重要性を説くのである。政策批判の立脚点をどこに求めるべきか考える際に、今なお傾聴に値する議論であるように思われる。

後藤はこうした一般論を展開して、もう一度「大島博士と其の感（殊に選挙に関する道義の樹立の急務）を全く一つにする」と述べたあと、地方自治行政に関する一般国民教育もまた政治教育が扱わねばならない重要問題であることに、内務官僚ＯＢらしく注意を喚起している。後藤は、「地方自治は民主主義の学校である」とまではいわないが、「国政に関する政治的訓練の素地は自治政に於ける公民的訓練に於いて養はるゝ点が非常に大きいことは既に言ひ古るされて来た事である」と述べ、「自治政と国政との相関と、又其の分界点とに関して明確なる認識を与ふることの必要が今日最も痛切に感ぜらるゝ」ものとする。なぜかというならば、「国政に於ける政党の分界線が無批判に自治政の上に移入せられて、自治政が其れ自体の目的と何等関係なき党争の犠牲となつて居る現情」があるからである。

後藤はこのように政治教育が必要である旨を、大島の所論に自らの持論を反映させながら主張しており、ここに後藤の日頃の政治教育に関する考え方がはっきりと示されているといって良いであろう。

最後に、政治教育をおこなっていく上で、「之を取扱ふ機関の問題が大に考究されねばらぬことを一言して置きたい」と締めくくっている。後藤が、ここで政治教育をおこなう機関として青年団などの組織を想定していることは、もはやいうまでもないであろう。しかし、この時期におこなわれていた学校や青年団活動を通じての政治教育訓練については、先に掲げた田沢義鋪の批判にもあるように、決して満足のいくものではなかった。もっとも田沢は、自らクリーンな選挙、金のかからぬ選挙を標榜して立候補した経験から、やや厳しい要求水準になっている部分もある。(8)現実には、先にも引用した柳田国男の観察のように、青年団活動を通じて公民を育成していくというプロジェクトには、堕落した政党政治の打開を目指す方向性での一定の意義を認めることができるのではないだろうか。

では実際に、公民教育を取り扱う機関は誰の手によって担われていったのであろうか。一つは、一九三一年に設立された社団法人帝国公民教育協会が挙げられる。帝国公民教育協会は、機関誌として雑誌『公民教育』を発刊するなど、ある時期までは積極的に活動をおこなった。しかし、一九三九年に解散し、以後、私的な機関である公民教育研究所が雑誌の発刊事業を引き継ぎ、活動を続けた。(9)当初、帝国公民教育協会の理事には田沢義鋪も名前を連ねていたが、実際に田沢がどの程度関係したのか（そして、後藤が関係したのかしなかったのか）は不明である。詳細な解明は今後の課題である。

今一つは、次にみる青年団本部での研究会における教育問題の研究である。こちらは、青年団活動の実践を通じての活動を主導したというよりは、のちに昭和研究会に引き継がれていったという意味で重要である。

青年団と昭和研究会における教育問題研究

青年団本部の研究会が、のちに近衛の政策ブレーン集団として名を馳せる昭和研究会の母体ともなったことは意外に知られていない事実かもしれない。しかし、昭和研究会の前身である後藤隆之助事務所を一九三三（昭和八）年一〇月一日に起ち上げたのは、日本青年館の嘱託としてそのキャリアをスタートさせた後藤隆之助その人であり[10]、青年団本部の研究組織はそのまま後藤隆之助事務所に引き継がれ、さらに一九三三年末、昭和研究会に発展していった。

後藤文夫もこの昭和研究会の研究組織に深く関わり、いくつかの研究会では座長も務めている。そのうちもともと青年団において組織されていた研究会は、農村問題研究会と教育問題研究会であった。農村問題研究会については、次章で検討するとして、ここでは教育問題研究会についてみておこう。

教育問題研究会は、一九三三年の昭和研究会発足と同時に、改組されて新たにスタートすることとなり、後藤文夫も委員としてそれに加わった。またのちには教育改革同志会と名を改めて昭和研究会の別働隊として活動をおこなっていった。この委員会の内容と活動については次のとおりであった（以下、酒井、前掲、一五九～一六三頁による）。

委員として加わったのは、後藤文夫のほか、阿部重孝（東大教授、教育行政）、木村正義（文部省事務次官、衆議院議員）、大島正徳（文学博士）、城戸幡太郎（教育学者）、児玉九十（明星学苑）、後藤隆之助、佐野利器（工学博士）、下村宏（朝日新聞社副社長）、関口泰（朝日新聞論説委員）、田沢義鋪（青年団）、宮本武之輔（技術者）、前田多門（朝日新聞論説委員）、宮島清（文部省）らがいた。このうち、後藤、田沢、前田が内務省ＯＢであった。

この研究会は、毎週一回開かれ、論議の結果を阿部が主となって、まとめたという。その趣旨は、まず教育制度改革の目標を「教育の機会均等」と「教育の実際化」におき、

一、従来、個人主義的に堕している教育を、社会公共のために奉仕するように高める。
二、東亜、あるいは世界の中での日本の地位の重要性が高まってきたので、島国根性を脱却させ、国際的視野を持つよう教育の制度を改正する。
三、固定している機構および内容を社会の動きに適応できるよう改革する。
四、学校だけの教育ではなくて、卒業してからの社会教育に重点をおく。
五、教育に伴う特権を打破して、各人の能力を最大限に発揮させる。

というものであった。より具体的には、小学校は六年制の義務教育、中学校は、これを五年制の中学校と六年制の青年学校とし、青年学校の後の四年間は働きながら学ぶという制度にする。大

学は、すべて職能的な学校にして分科し、その代わりに大学院は入学資格を広げて学問を目指すものを受け入れるというものであった。こうした新しい制度のもとで、各段階に応じた「教育の実際化」、すなわち社会に出てすぐに役立つ教育をおこなうというのが、プランの概要であった。さらに、私立学校については、官公立学校と違って、修業年限にも学課内容も自由にして、それぞれの特色を出すべきだというものであった。

以上が、昭和研究会の教育問題研究会による教育制度改革案の概要である。しかし実は、このプランが出る前にすでに青年団本部の研究会でも、同様の教育制度改革の青写真が作られ、発表されていた。

後藤文夫の名前で、中央報徳会機関誌『斯民』誌上に発表されていた論文「教育制度の改革に就て」(『斯民』第二六編八号、一九三一年八月一日)がそれである。掲載の日付からみて、昭和研究会発足前に、このプランは青年団において煮詰められていたものと考えて良いだろう。

後藤(青年団)案では、まず現行制度の欠点が次の五点にあると指摘している(11)。

第一に、現行の教育組織は機会均等の要求に合致しないことを指摘する。これは学資のないものに高等教育の機会が開かれていないこと、各自の境遇・素質・性格に合わせた教育機会がないこと、さらに男女それぞれに高等教育を受ける機会がないことを意味している。第二に、今日の学校が大学の受験予備校化している。第三に、教育の画一化が進み、教育者による創意工夫を発揮する余地がなくなっている。第四に、知育偏重の弊が生じ、勤労を軽んじ、人物の養成がおろそかになっている。第五に、学校に付随する各種特権が弊害を生み出している。その上で、改革案の要領として、とくに中等教育の普遍化、各種学校それぞれの独自の機能の発揮を挙げている。

この後藤（青年団）案と、昭和研究会案との違いは、個人主義的教育の打破、社会公共のための奉仕という文言や東亜や世界のなかでの日本の重要性を高めるためといった戦時動員を前提にした国策的要素の有無であろう。もっとも、そうした要素が後藤案にまったくないわけではなく、「例へば公に対する道義心とか、国体的精神の発揮とかいふことに於て遺憾の点が少なくない」と述べられてはいるが、決してそれが中心的な項目とはなっていないのである。

さて、この教育の改革案ができた段階で、研究会は教育改革同志会という実行団体に衣替えし、後藤文夫が委員長となって、国会や文部省、あるいは世論に訴えてその実現を促進した。実際、教育同志会は昭和研究会が解散したのちも活動を続け、戦後の一時期まで存在していた。またこの教育問題研究会は、教育制度の改革と同時に社会教育制度の改革にも積極的に取り組んだ。これは、新体制運動との関わりにおいて追求された課題であり、「社会教育によって一生を通じて教育が行われるようにする。そのための組織をつくるというのが、昭和研究会の中心的な考え方であった」（酒井、同上、一六二～三頁）のである。

大衆社会の世論形成に関する後藤の論説

金解禁から民政党内閣崩壊、そして犬養内閣のもとでの金再禁止と政府の経済政策がめまぐるしく動くなかで、新聞紙が経済報道に対してどのような役割を果したのかについては、以前、拙著において詳しく述べた。よく知られているように、旧平価での金解禁に反対したメディアは、『東洋経済新報』ほかごく少数であり、新平価解禁を唱えた論客は、『東洋経済新報』の石橋湛山、『中外商業新報』の小汀利得、『読売新聞』の山崎靖純、そして日本で最初の職業エコノミストであり自らの経済研究所を主宰していた高橋亀吉の四人に過ぎなかった。新聞世論はともに手を携えて、誤った経済政策である「金解禁」を唱導していたのである。

いうまでもなく、大衆社会において世論やその形成に非常に関わりをもつメディアの役割は大きい。日本でも日露戦争を契機として多くの大新聞がその部数を伸ばし、大衆社会にふさわしい「報道機関」としての地位を確立していた。またすでに一九二七年、ラジオ放送もはじまり、翌年秋の昭和天皇の即位式をラジオは臨場感をもって伝えていた。

政党政治批判の立場から政治教育に関心をもち、世論の形成とその取り締まりに関しては、警保局時代に実際にその現場である図書課長も務めたことのある後藤文夫は、こうした大衆社会におけるメディアについてどのように考えていたのであろうか。ことに一九二八年から一九三二年までは、政友会と民政党の「二大政党制」がまがりなりにも存在していた。新聞紙が政党政治に関しておよぼすだろうさまざまな影響について後藤が無関心であったはずはないのである。

さいわい、後藤のメディア論ともいうべき論説を、民政党内閣が崩壊した直後の一九三二（昭和七）年一月発刊の『斯民』に見出すことができる。「新聞紙と輿論」と題するこの論説は、当該号の巻頭論文として、六頁にわたって掲載されており、ボリューム的にもなかなかの本格的論説なのである。後藤は、この論説においてどのような議論を展開したのかをみてみたい。

まず後藤は、新聞と世論の関係についていくつかの事項を確認する。

「新聞紙と輿論との関係の考察も亦、新聞紙が事実報道の機関たることを明白に認識することから出発しなければならぬ。新聞紙が輿論を作るとか、輿論が新聞紙によつて動かされるとかいふやうなことは、新聞紙の本質を了解した上でなければ簡単に云ふ訳には行かないのである」。

「……輿論政治の別名の如く称せらるゝ現代の代議政治は、輿論の支持なくしては成り立ち得ないものである。先づ輿論の背景を準備して、然る後に何事かを行はんとするのが、現代政治行動の準則であつて、此の準則を離れて行動せんとするのは、恰も軌道に乗せずして汽車を走らせんとするが如きものである。而して輿論が此の如く現代政治の先行要件となり、輿論と政治との相関係が殊に顕著になつた今日に於いて、輿論の力を発揮せしむることに極めて密接な関係を持つて居るものは新聞紙であり、輿論が其の価値圧力を近代政治の上に有する所以のものは、新聞紙の普及発達と離れざる関係があるのである」。

そして、新聞紙が世論に関係し作用するのには三つの経路があるという。

その第一は新聞紙の論説である。新聞紙の論説はかつて世論を指導するものとしてとらえられていた。しかし、「新聞は社会の木鐸である」との格言も、論説の指導力が大きかった時代の話で、今はそうではないと、新聞論説の現状についてこう述べる。

「併しながら今日に於ては新聞紙の此の働きは極めて微弱なものとなつた。新聞紙の論説に眼を通す人は読者の内極めて少数であるに相違ない。而かも其の少数者は新聞の論説によつて自己の意見を立てるのでなく、其の多くは自分の抱いてゐる意見と接近した意見、又は一致した意見を見出して、自信を強め、又は一種の愉快を感ずるに過ぎないのである」。

むしろ、新聞論説は、世人の思っていることやいわんとしているところをつかみ、「測量して之を論評として掲ぐる」ことのほうが、よほど世論に対する影響が大きいと後藤は指摘する。なぜならば、

「今日の如き複雑繁激な生活裡に在る人達は、或る問題について、何となく或る感じや考を持つて居つても、それを具体的に纏めて理論づける暇もなければ、又さうしようとも努力しない。然るに新聞紙の論評が明確に之を具体化し、相当の理論をつけて呉れゝば、これ等の人々は茲に始めて具体化された意見を作ることが出来て、茲に多数の人の意見が一種の定形を有つ

ことになる」

からである。後藤のこの指摘は、大衆社会における世論の形成に関して、非常に的確で冷静な分析をおこなっており、そのままわれわれの時代のメディア批判としても通用しそうである。後藤は続けて、「第二に新聞紙の輿論に闊歩する方面は、ニュースの形を採った或る人の意見、又は或る団体の意見決議等の報道」であり、「第三は新聞紙が或る出来事を報道することによつて、世人に意見構成の材料を供給することである」とする。

しかし、「非常時に於て新聞紙が圧迫を受けたり、又或る専制政治を行はんとする者が、新聞紙に甚大の関心を持ち、自己の政策と異り、或は其の実行に不便なる輿論の醸成を防ぎ、一面には独自の意見を強力に民衆の間に植付けんが為め大干渉を新聞紙に加ふるのは、新聞紙の輿論と報道との相関関係を深く認識すればする程、行はれがちなこと丶なるのである」という。後藤のこの警鐘にも関わらず、この後、政府は誤った政策を採っていくことは、喋々するまでもあるまい。

また「殊に事実報道の形に於て、個人又は団体の意見を掲げたり、或いは事実経緯の観測を掲げる場合に、其の取扱方法が殊更に読者に歪みたる印象を与へんと作為するが如きは、新聞紙として極力避けねばならぬ」はずの新聞が、当時、金解禁キャンペーンによって国民をある特定の方向に引っ張っていこうとしたことを鑑みれば、一般の新聞読者が「新聞紙の輿論に作用する経路を克く諒解し、新聞紙の記事論評を批判して自己の意見の構成に資すると共に、真の使命と離れたる新聞紙の悪用に対して活眼を開かむ」とすることは、よほど困難な課題であったといえよう。

また後藤のこの論説には、自己修養、人格陶冶が必要であるといいながらも、「複雑繁激な生活裡にある人達」には、上からそれをまとめて、ある「一種の定形を有つ」ようにしてやらねばならないとする意見が表明されている。エリートによる上からの統制が、複雑である問題、たとえば経済問題、などには必要であると後藤が考えていたことが、このメディア論を通じてうかがえるのである。

注

（1）堀切善次郎は、その意味で、後藤とよく似たキャリアパスを経ている。
（2）結局、このときは永田秀次郎が二度目の東京市長に就任した。
（3）浜口内閣の政策キャンペーンにおけるレトリックとマス・メディアの共犯関係については、拙著『経済失政はなぜ繰り返すのか――メディアが伝えた昭和恐慌――』（東洋経済新報社、二〇〇五年）を参照せよ。
（4）戦後、一九六〇年から六七年まで東京都教育委員会教育長を務め、都立高校の学校群選抜制度を導入したことで知られている。第一四代の日本青年館理事長には一九六九年に就任した。
（5）武田清子『日本リベラリズムの稜線』（岩波書店、一九八七年）。
（6）大島についての本格的研究としては、後藤乾一『国際主義の系譜――大島正徳と日本の近代――』（早稲田大学出版部、二〇〇五年）がある。
（7）大島は、今日、チャンバラものの流行がみられるが、こうした幕末の志士気分が歓迎されているところにも、立憲自治の国民意識が欠乏していることを立証するものであると指摘している。大島が大衆映画や文学に言及しつつ、合理的・合法的な対処ではなく、手段はどうあれ己の信ずるところを貫くことに快哉を送る大衆の心理を分析しており、興味深い。

(8) 田沢は一九二四年八月、協調会理事を辞任し、この前後より政治に具体的に参与し、また政治教育に積極的な働きかけをしている。同年一月新政社を創立、雑誌『新政』を創刊。同年五月彼がかって郡長として青年団を育成した静岡県第三区より衆議院議員に立候補し、理想選挙を戦って惜敗、同年一〇月に東京市助役に就任している(成田久四郎編著『社会教育者事典・増補版』日本図書センター、一九八九年より)。

(9) 帝国公民教育協会と雑誌『公民教育』については、若生剛「昭和初期公民教育の普及活動――帝国公民教育協会と公民教育研究所の活動に焦点を当てて――」(筑波大学『教育学研究集録』二四号、二〇〇〇年一〇月、一一九~一三一頁)を参照。

(10) 後藤隆之助は、京都帝大時代に近衛との交際がはじまり、同じく京都帝大で近衛に近しかった志賀直方とも知り合うようになった。大学卒業後、当時、近衛が理事長を務めていた日本青年館に後藤も志賀も嘱託として就職したのである。「青年団本部に入ったことが、やがて近衛公にとっても、僕らにとっても、生涯の一大事となった。人間の縁というものはこうして結ばれていくものかと思う」と後藤隆之助は、のちに語っている(酒井三郎『昭和研究会――ある知識人集団の軌跡――』講談社文庫、一九八五年、三〇頁)。もっとも後藤隆之助と志賀とは昭和研究会でのある出来事がきっかけで絶縁状態になり、志賀が死ぬまで元には戻らなかった。そのきっかけは、「わが国に皇室のおわしますかぎり、いくら紙幣を増発してもインフレにならぬ」と主張していた元陸軍砲兵大佐の小林順一郎という人物の貨幣論を昭和研究会で完膚無きまでにやっつけたことで、小林を紹介した志賀のメンツを潰したことだったという(酒井、前掲、三一頁)。

(11) ただし、この『斯民』誌発表前に、後藤は一九三〇年四月、浜口内閣のときに設けられた失業防止委員会(委員長:安達謙蔵内相)の特別委員会で、一九三一年六月一〇日に教育制度改革について報告をおこなっている(『東京朝日新聞』一九三一年六月一一日朝刊二面)。このとき、後藤は「教育制度の六欠陥」として、六番目に教員資格検定制度の不備を挙げていた。おそらく、この六番目の「欠陥」については、委員間から反対が出て、『斯民』論文では、五欠陥になったものと思われる。

第6章　後藤農政と地方の組織化、統制

1　農相就任

五・一五事件後の政局と「高橋財政」

一九三一（昭和六）年一二月一一日、若槻礼次郎民政党内閣は、閣内不統一を理由に総辞職のやむなきに至った。同年九月一八日に勃発した「満洲事変」を契機に皇道派の荒木貞夫に接近するとともに、政友会との「協力内閣」を画策した安達謙蔵内相の辞表を取り付けることができなかったことがその理由であった。一二月一三日、犬養毅政友会内閣が成立すると、高橋是清蔵相はただちに「金再禁止」を決定し、日本は金本位制から離脱した。

当初は金本位制からの離脱と低為替容認によって恐慌からの脱却が可能であると考えていた高

橋であったが、輸出回復が遅れ、株価が低迷するなか、三月には日銀による国債引き受けを宣言し（実施は一一月）、ようやくデフレ期待を反転させることに成功した。高橋是清蔵相の二段階のリフレーション政策は、かくして一九三二年末までには日本経済のデフレ不況からの脱出を軌道に乗せることに成功し、低迷していた物価水準も、一九三六年に高橋が二・二六事件でその命を奪われる直前までには、ほぼデフレ前の水準に復した(1)。

「昭和恐慌」からの速やかな回復を先導した高橋のリフレーション政策ではあったが、農村部ではその効果の波及は遅れた。そもそも農村問題や「二重構造」の問題を解決するのに、マクロ経済の改善を目指すリフレーション政策は、直接的には役に立たない。全体の経済状況が改善すれば、産業構造の転換による「痛み」をやわらげる効果は期待できる。しかし、産業構造をそのままにしつつ、格差の問題を解決しようとするならば、たとえば、公共事業の実施によって、資金を撒布し、弱者の「救済」が図られねばならない。この救済問題こそが、五・一五事件後に政友会・民政党提携の形で成立した斎藤実内閣時の大きな課題であり、農林大臣として初入閣を果たした後藤文夫に課された難題であった。

ここでは、時局匡救を課題とする斎藤内閣のもとで、後藤文夫が推進した「農山漁村経済更生計画」（以下、「経済更生計画」と略記）を中心に、この「経済更生計画」がどのような性格のものであったのかをみていく。初期においては、この「経済更生計画」は下からの「自力更生運動」を官が吸収する形で進められていく。しかし、一九三四年以降は、産業組合を中心とした協同主義が、農村対策の抜本的解決法として強力に推進されていった。産業組合主義は、旧来の産業組織の大幅な改変を迫るものであり、斎藤内閣のなかでも反対意見が出てくる。しかし、後藤農相の内務省への影響力、閣外における民政党系官僚のサポートがあり、農村の産業組合を通じた組織化は急速に進んでいった。後藤は、引き続く岡田内閣のもとでも内相としてとどまるが、内相時代には地方の内務部から経済部を独立させ、上からの統制組織の充実が図られたのである。

後藤の入閣と農相としての課題

それまでも農村問題に関心があったとはいえ、そして、台湾総督府総務長官時代に台銀救済に尽力したとはいえ、経済問題については素人同然であった後藤が、斎藤内閣に農林大臣として入閣した経緯について、まずはみておかねばならないだろう。

五・一五事件で犬養が暗殺されたとはいえ、議会での与党は政友会であったから、「憲政の常道」論からいえば、犬養の後継総裁であった鈴木喜三郎政友会総裁に大命が降下してもおかしくはなかった。しかし世論は、五・一五事件の青年将校の思想と行動とに対して、むしろ同情する傾向が強かった。旧平価による金解禁によって「昭和恐慌」という経済失政を引き起こした政党政治に対する風当たりが増していたのに対して、前年の九月に引き起こされた「満洲事変」に対しては、それが沈滞する情勢を一挙に解決するという幻想を大衆に抱かせたからであった。実際、一九三一（昭和六）年七月に労働者農民党、全国大衆党、社会民衆党合同賛成派が合同して結成された全国労農大衆党は、「満洲事変」を歓迎していたし、全国労農大衆党と社会民衆党が合同して一九三二年七月に誕生した社会大衆党（安部磯雄委員長・麻生久書記長）も同様であった。軍部はこのような世論の後押しもあって、五・一五事件以後、政党内閣不可の立場を強硬に主張したのである。そのため、最後の元老・西園寺は、海軍の斎藤実を首班として指名せざるをえなかった。そして伊沢多喜男は、腹心の部下であり斎藤内閣の組閣参謀の中心となった丸山鶴吉を介して挙国一致内閣の組閣を画策したのである。

当初、丸山は、斎藤内閣を「政党の浄化を図る超然内閣」と位置づけようと考えていた。「腐敗堕落した政党の革新なくしては、軍部の台頭も右翼の活動も永久に阻止できない」（一七四頁）という確信があったからである。それは後藤や丸山ら「新官僚」が中心となって結成した新日本同盟の思想を具体化するチャンスでもあった。しかし、結局、斎藤は丸山の提案を拒絶し、政友会・民政党両党のバランスの上に立つ内閣を欲した。

政友会・民政党両党が参加する内閣となれば、経済の難局を乗り切るために、高橋是清の蔵相留任は絶対条件であった。政友会の高橋が留任するとすれば、逆に民政党は高橋蔵相に釣り合う大物の入閣とそれなりのポストを要求することになる。民政党が、内相ポストに山本達雄の名前を挙げてきたのも当然であった。しかし、五・一五事件直後ということもあり、治安行政の最高責任者である内相のポストを、山本はすんなりとは受け入れなかった。結局、同郷の後輩で内務省出身の後藤に、山本をサポートすべく白羽の矢が立った。丸山が企図したような「超然内閣」

はできなかったが、こうした経緯で後藤の入閣は実現したのである。

後藤が農相として入閣したのは、政治力学上の偶然によるところが大きかった。しかし、「問答無用」と政党政治家を葬り去る軍部台頭の背景には、「昭和恐慌」でダメージを受けた農村という現実があったことは論を俟たないのであり、農村問題への対処を誤れば、軍部の政治への介入を助長する危険性をはらんでいた。五・一五事件以降、それまで「伴食大臣」として重きを置かれていなかった農林大臣や農政の動向が新聞紙面の一面を飾ることが多くなったといわれるが（一八五頁）、後藤は、「昭和恐慌」後の疲弊した農村を救済するためには、とにかく速やかに政策を打ち出し、社会の安定を達成するという役割を担わされることとなったのである。

具体的には、前内閣時から問題となっていた滞貨生糸問題の解決が、まず差し迫った課題としてあった。

農村匡救政策① 滞貨生糸の政府買い上げ

後藤農相が内定すると、石黒忠篤農林次官は、後藤のもとをすぐに訪れ、喫緊の課題として前内閣から懸案となっている滞貨生糸問題について詳細に報告した。前犬養内閣は、以前から恐慌の影響で惨落した糸価を維持するため、共同保管と政府の融通保障によって棚上げされていた滞貨生糸を一掃すべく、アメリカ生糸商ジャーリーの代理店神戸旭シルク株式会社に、一俵四五〇円で滞貨生糸一〇万七〇〇〇余俵を売り渡す契約をおこなった。しかし、生糸売却は国内在庫を減らすことにはなるが、アメリカに売り渡された生糸が市場に出回れば、糸価は一層の下落をみる。事実、この売却は、生糸価格に好影響を与えるどころか逆にさらに糸価格を下落させ、政治問題化していた。これが滞貨生糸問題である。

後藤は、当時、まったくこの生糸問題に関して知識がなかったが、東大時代以来の知り合いでもある石黒のサジェスチョンを受け、ただちにこの旭シルクとの売買契約を破棄して政府が一括買い入れする方針を固めて、六月一日には臨時議会を招集し、「糸価安定融資担保生糸買収法案」と「糸価安定法案」を提出し、一五日には議会を通過させ、政府が一括して滞貨生糸を買い入れることで問題を処理した。この政府買い入れのための損失負担額は、政府負担が四五八七万円、製糸家負担三八五〇万円、銀行負担一一三〇万円にも及んだ（一八〇頁）。

このとき高橋蔵相は、以前台湾銀行の救済に際して決然として反対したのと同様に、最初、生糸商などが思惑で投機的取引に失敗した尻ぬぐいをいったい誰の金でやると思っているんだと、大反対した。しかし、石黒次官が横浜正金銀行頭取などと折衝し、銀行も負担をかぶるからということになり、ようやく賛成に回り、議会も通過した。政友会は、前内閣の山本悌二郎農相のときには、政府は買い上げを認めなかったのに、一転、買い上げを認めることとなり、高橋蔵相に対してだいぶ不満があったようだと、後藤は回想している（一八一頁）。しかし、これでとにかく生糸の暴落という当面の危機は回避することができたのである。

農村匡救政策②　救農土木事業の実施

次に、「高橋財政」期に実施された農村匡救事業としてもっとも有名な救農土木事業について考えてみよう。一般に、恐慌対策としてこの土木事業を中心とした大規模な公共事業費の支出策は、財政赤字を許容する典型的なケインジアン・ポリシーの日本での実施としてとらえられてきたし、高橋を「日本のケインズ」と呼び習わす根拠として考えられてきた。しかし、救農土木事業自体、「五・一五事件によって表面化した政治的不満に対処するために、財政方針を明確な積極策に転換した――本来の高橋財政の開始――という政治的状況の大枠の下ではあれ、直接に政党勢力がこの転換を担ったのではなく、もっぱら内務省土木官僚によってその方向が主導された」ものであり、「「世論」が政策の流れに大きな影響を与えることができた一時的なポピュリズム的状況に乗るかたちで、救済型公共土木事業の大規模な展開方針が定まった」ものであった（加瀬和俊『戦前日本の失業対策――救済型公共土木事業の史的分析――』日本経済評論社、一九九八年、二八三頁）。

内務省土木官僚が主導して救農土木事業が実施されたという加瀬の分析を裏付けるように、後藤はこの救農事業が実施されるにあたっての、内閣の雰囲気を回想して次のように述べている。

「閣議で山本さんが「こうなりゃ仕方ない。金を農村にバラまけるだけ、バラまけ、これ以外に方法はない」と、日銀出身の山本さんらしくないことを言い出したのが印象に残っています。とにかく農村に金を流せ、仕事をやらせようと、補助の対象とならないようなことまで融資し、補助金を出すという政策を取ったんです。

土木事業をじゃんじゃんやったし、どんな小さな川でも堤防を作るなど金を流したんです」（アドバンス大分、前掲、三五〜三六頁）。

結局、この救農土木事業は、一九三二年のいわゆる「救農議会」（第六三臨時議会）でその予算が可決され、一九三二年度から三四年度までの三年間で、国費約六億円、地方費約二億円、および預金部その他資金を財源としての低利融資を含む総額約一六億円の公的資金投入として実施された。

しかし、こうした救農土木事業の農村経済への経済的効果については、その評価が分かれているように思われる。たとえば中村隆英は、一九二〇年代と比較してみたとき、政府財政の大きな変化・画期を、この救農土木事業費にみられるような政府政策の重点変化に求めつつ[(2)]、一九三〇年代前半の農村に対するスペンディングの効果は、「疲弊しきった農村に対するカンフル注射として、正当に評価されるべきであろう」（中村隆英『明治大正期の経済』東京大学出版会、一九八五年、一四五頁）としている。

これに対して、加瀬和俊は、「農林省所管の土木事業が、農民への就労機会提供の意図を含めて実施されたのは一九三二年〜三四年度の救農土木事業がほとんど初めてであった」としつつも、「農業土木事業に対する国庫支出金の増加は、農業土木事業の増加を必ずしも意味するものではない。なぜなら、国庫支出金の増加にともなって従来からの府県補助金が減額・廃止されている場合が少なくないこと、民間事業として補助金なしで実施されていた事業が実施されなくなったことといった反作用が見られるからである」（加瀬和俊、前掲、四四七頁）と、その効果を限定的なものとしてとらえている。

後藤もまた別の観点からではあるが、農村への公共事業支出をはじめとする直接的な救済策は一時的な効果はあるものの、恒久的な対策としては不十分であると認識していた。それゆえ、別途、農林省として「経済更生計画」の立案、実施へと向かっていくことになるのである。

農村匡救政策③　米穀統制法

もう一つ、農村の救済策として実施され、のちの食糧管理法に繋がっていたものに、米穀統制法の制定があった。もともと米穀管理については、米騒動の混乱を経て一九二一（大正一〇）年に制定された米穀法があり、政府は米の作況に応じて米市場に介入し、増産と価格維持を目指した。この政策は、一定程度の効果を発揮し、植民地移入米の増加と相まって一九二〇年代末にはほぼ「自給」を達成できるようになっていた。むしろ、「植民地米、とりわけ朝鮮米の移入増が顕著で、これを含むとむしろ「過剰」になったといってもいい」状態であった（大豆生田稔『お米と食の近代史』吉川弘文館、二〇〇七年、二三二頁)。これに「昭和恐慌」の米価低落が加わったため、この時期の重要な政治課題として浮上してくることとなり、米穀管理の新たな方法を模索するものとして、米穀統制調査会が一九三二(昭和七)年一一月に設置されたのである。この調査会には、後藤、石黒のほか馬場鍈一、河田烈らが参加した(井出英策『高橋財政の研究――昭和恐慌からの脱出と財政再建への苦闘――』有斐閣、二〇〇六年、一〇八頁)。

井出英策は、一九二〇年代の米穀統制に関する議論と明らかに異なる論理が、この調査会では登場してきているという。すなわち、「統制」という用語の含意がそれである。しかし井出は、後藤が国家による統制がどの程度一般的な意味を想定しているのかという質問に対して、国家経済の全面的な統制をおこなうことを想定するものではない、と答えていることを引きながら、後藤の「統制」に関するスタンスを「市場メカニズムを完全に否定する意味でのそれではなかったことがうかがえる」としている(同上、一一〇頁)。

調査会では、ほかにも米の専売論なども議論されたが、後藤は、専売ということになると、「いろいろ規準を決めておいても、結局政治勢力で決めるようになる、そうすると一種の政治米価になるということを主張して」これに反対した(一八八頁)。また朝鮮からの移入米についての制限も、朝鮮統治に影響を及ぼすということでこれも採らなかった。

結局、米穀統制法は、政府があらかじめ定めた公示価格以上に米価が下回れば、それを買い上げ、逆に上回れば、売るという方策として成立した(一九三三年三月二九日公布、同年一一月一日施行)。また国民の主要な食糧である米を投機的取引の対象にすることも問題となり、「高橋さんあたりの旧式の経済論者には若干の抵抗もあった」が、結局、米穀の取引所も廃止となった(アドバンス大分、前掲、三七頁)。しかし、井出によれば、大蔵省の具体的方針としての公定価格案は、一九三二年の一二月七日に高橋が個人的見解として公表しており、後藤のこの回想がどれほど正確なものかは計りかねる(井出、前掲、一一四頁)。ただ、米の買い上げということになれば、当然、大蔵省が予算措置を講じなければ不可能であるから、高橋が米穀統制法の具体的方策を、調査会に先んじて提案することは、ある意味、当然のことであるように思われる。

さて米穀統制法によって、最低価格を下回れば米の買い上げを無制限におこなうということになれば、資金が無制限に必要となる。後藤は、この点、調査会でも質問を受けて次のように答えている(「臨時米穀移入調節法案外二件続編(第三輯)」『農政研究』第一三巻第七号、一九三四年七月号、六二頁)。

「資金さへ幾らでも出すと云ふことならば、此一本で、最低最高の価格は何処迄も維持出来る。併ながらそれは資金等の関係で何処迄も無限にさうして行くことは非常に困難なのであります。斯う云ふ事を考へますと、更に其底に於て需要供給の本体其もの丶調節を考へて行く方策を講じなければならぬのである。其一面に於ては生産の方に於ける調節の方策、一面に於ては消費の側に於ける政策と云ふものが考へられて行かなければならぬ。……私は日本の米穀と云ふもの丶政策を考へます時に御承知の通り生産統制と云ふことも大きな根本問題の一つであると考〔考?〕へて居ります」。

伝記では、後藤は減反政策を含む生産調整策については考えてもみなかったし、新聞紙上で「減反」などの文字が躍ったときには驚いたと述べられている（一八八〜一八九頁）。しかし上記の答弁は、質問者の川崎克が「農林大臣は是（米穀統制法）ではいかぬと云ふので、減反案を御考になつたのだと私は思ふのでありますが、減反案の良否は先づ別として、統制法だけの作用では根本の運用の解決は付かぬ」のではないか、と後藤に問うた際の答えであり、明らかに米穀統制法よりも、一歩先に進んだ生産統制も後藤の念頭にあったことを看取しうる。

軍部の反対によって、あからさまな減反政策をいうことはできなくとも、後藤は、この米穀統制法を含む一連の匡救事業による救済策だけでは、農村復興の根本的対策とはならないと考えていたのである。

2 「経済更生計画」

匡救政策から恒久的対策へ

みてきたように、農村匡救政策は、喫緊の滞貨生糸問題への対処にはじまり、公債を原資とした土木事業による積極的スペンディング・ポリシーの実施、そして米市場の介入を通じての米価維持政策としての米穀統制法の制定などによって具体化された。これらの農村匡救政策が、個々にどのような客観的な効果をもったのかについて、それぞれ重要な問題ではあるが、ここでは問題にしない。なぜならば、政策当事者であった後藤自身の認識は、こうした政策だけでは農村復興の根本的対策とはならないというものであったことは間違いないからであり、政策そのものの決定と実施は、ときとして客観的な事実の把握に基づく合理的な方法としてではなく、むしろ当事者の主観的認識と非合理的な方策として立ち現れる場合が少なくないからである。

もちろん後藤も、公共事業の実施が、農村に手っ取り早い現金収入を保証し、それが不況からの脱却を手助けするのに効果がないと考えていたわけではない。農村復興の恒久的対策として、減税による農村の負担均衡などが、第一に採られるべきであり、ついで負債整理問題、農村金融問題、肥料統制問題、農産物販売統制問題などが重要であると述べている。しかし、後藤が農相として立案実施していった「経済更生計画」は、たんに救済にとどまらず、農村経済問題の恒久的対策として打ち出されたものであった。

以下では、まずそもそもこの「経済更生計画」のもととなった「自力更生運動」[3]がどのように出てきたのか、そしてそれが「経済更生計画」として実施される際に、どのような目的が付加されたのか、さらに第三節では、一九三三年以降、それが「産業組合運動」と連携し拡充強化されていく過程をみる。そして第四節では、この時期の政策内容と思想を検討し、後藤が実現しようとした経済社会のあり方はどのようなものであったかを考察する。

「合理化」と農村の自力更生

後藤農政下で「経済更生計画」が策定され、それが全国に布告されたのは、一九三二(昭和七)年末のことであった。しかし、「経済更生計画」が開始される以前の「昭和恐慌」のさなかの一九三〇年から、農山漁村においては「勤倹」「節約」などを中心とした「国民運動」が、すでに展開していた。浜口内閣は、「金解禁」のための合理化を全国民に呼びかけていたからである。その意味で後藤農政の方針は、浜口内閣が推進した合理化運動の延長上にあるといえる。

しかし、決定的に違うのは、後藤農政の「経済更生計画」が、一方で不十分ながらもスペンディング・ポリシーをともないながら推進されていったのに対して、浜口内閣のもとでのそれは、中央レベルでの財政金融の引き締めによるデフレ政策が前提としてあった。デフレ下での各産業、企業、国民生活における「合理化」の唱導(4)は、景気の後退を深刻化させ、「昭和恐慌」となって、とくに農村に大きなダメージ(米価、糸価の下落)を与えたことは、繰り返すまでもない。しかし、農村ではこの「昭和恐慌」への対策の一つとして、ますます「勤倹力行」が唱えられ、生活のすみずみまでに渡る節約が奨励されていった。不況という経済現象に対して、村々が一丸となって節約精神を高揚させていく風景は、ケインズ経済学が普及してからの知見からみるならば、喜劇的ですらあった。
昭和恐慌当時の新聞には、デフレによって貨幣経済が破壊され、「原始共産制」に後戻りするような風景がみられるという記事が頻繁に登場する。
たとえば、『大阪毎日新聞』は、一九三〇年の一一月一四日、「米の値下がりに苦しむ農村風景／時代逆行の姿／堂々と掲げられた／物々交換の看板」と題された記事で、以下のように伝えている。

「豊作であつてなほ窮状はつひに自給自足といひ、物々交換といふ切実な生活相を刻みつけるに至つた府下北河内郡一帯の各村では、各農会が挙つて金肥を買はさぬやうにし、これには草や家畜の糞、養鶏による糞、労力を倍加してよく耕すが一番とし、入退営による祝ひ物や酒盛の撤廃と節約一点張りで不況対策とするなど米の値が下がつても穫れただけで食つてゆくやう、支払ひなども米でするなど、自給自足の実行がぐんぐんとはびこり出した……また郡内の「物々交換」はますます拡がり、さらに寝屋川村堀溝、甲可村中野あたりに堂々看板まであげて農産物と日用品、菓子などの交換をやり出した」。

この記事は、デフレによって農村経済が自給自足に逆行する姿を、不況下に現れた珍現象のように書いているが、この大阪府河内郡の農会の対応は、決してまれな光景ではなかった。逆になるべく「金肥を買はさぬやうにし、これには草や家畜の糞、養鶏による糞、労力を倍加してよく耕す」などの力行は、昭和恐慌下にあっては「合理化」の努力として称揚されていったのである。

後藤農相のもとで展開されていった「経済更生計画」も、もともとは「昭和恐慌」下での農民による「合理化」「自力更生」をベースにしていた。しかし「経済更生計画」は、これらの勤倹力行的対応のみで、地方農村が更生するとは考えられていなかった。その理由としては、次にみるような農村の実態があったからである。結論からいえば、民政党内閣期の農村における「自力更生」（合理化）は、必ずしもうまくいっていなかった。後藤農政における「経済更生計画」は、地方農村の問題を、組織化と統制によって乗り越えていこうとする点に特徴があった。(5)

「自力更生」（合理化）と地方農村

ここでは当時の農村の様子の一部を、『福井県史　通史編6　近現代二』（一九九六年）によりながら、みることにする（以下、引用頁数は同書より）。

戦前期、福井県はもっとも製糸業の栄えた地域の一つであった。一九三〇（昭和五）年時点でも「養蚕戸数が約二万戸を数え、全農家の三割近くが養蚕業に携わっていた。これを郡別にみると、大野郡では約七割、今立《いまだて》・丹生《にう》・南条・大飯《おおい》郡では三割をこえる農家が養蚕による収入に頼って」（七四頁）いる状況であった。しかし、だからこそ、恐慌による生糸価格の下落は、県全体の農業経営を直撃することとなった。さらに一九三四年の繭価の下落は、養蚕農家を危機的な

図6－1　繭の産量と価額（1926〜1940年）

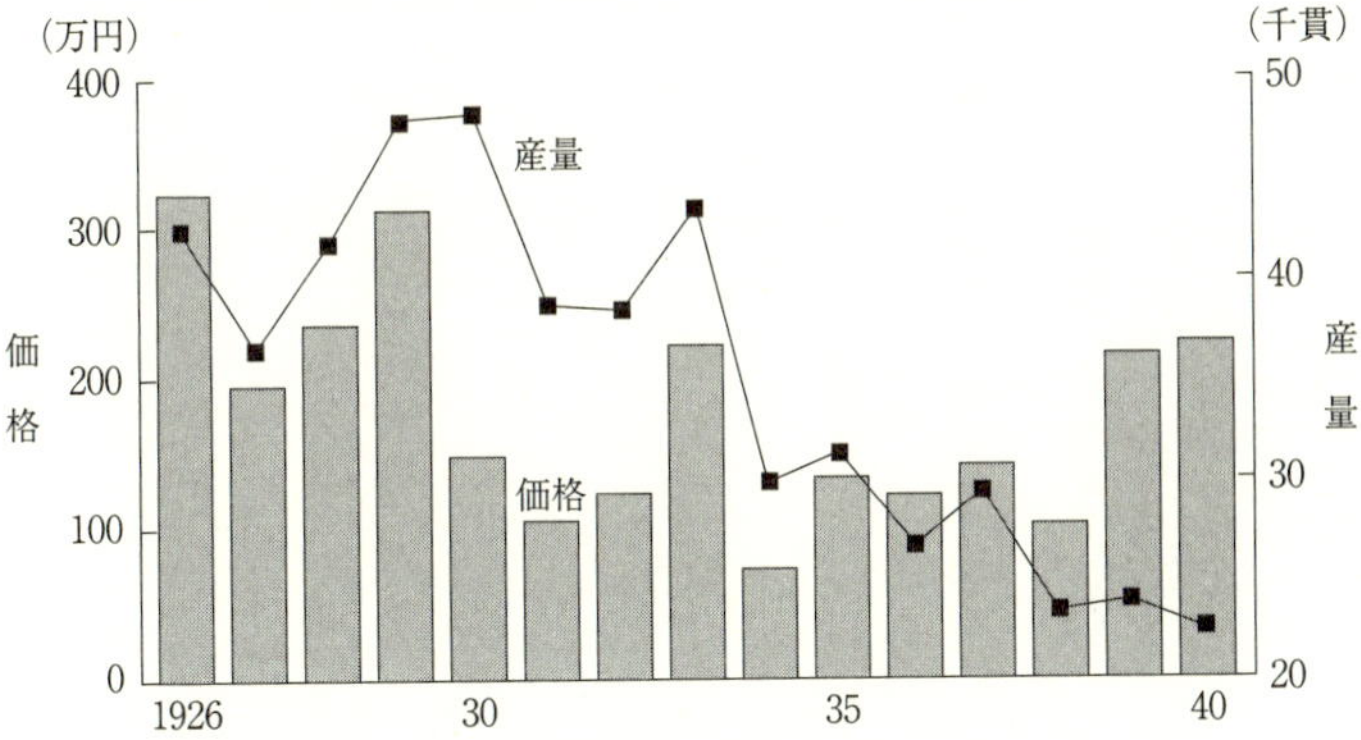

出典：『福井県史　通史編6　近現代二』75頁図8を引用。

状況に陥れた。「養蚕農家戸数はかつての六割あまりにまで減少し、その後、ふたたびふえることはなかった」（七五頁）という。

また米価の惨落も目を覆う状態であり、地主・小作人ともに大きな打撃をうけた。米価安は、小作争議の発生をも減少させるほどであった。「地主にすれば、「一俵にして一升や二升、年貢米を軽減した所で、米価安のため懐具合の影響が少なく」、こうした時に小作人と対抗して争うつもりはない。小作人もまた、わずかな収入をめぐって手間や費用のかかる争議をおこすより、他の屋外作業に就労した方がまし」（七八頁）という状況だったからである。

こうした恐慌に対して、農民側は自ら進んで勤倹節約を展開した。たとえば「自転車の廃止と同時に、町へ買物に行くことを制限し、着物は買わない、食べ物は自給自足する、バリカンを購入して共同散髪を行う、新聞・雑誌を共同購入するなどの、徹底した倹約の実行を決議し」、「このような農村の倹約運動が、三〇年から翌三一年にかけて、連鎖反応のように各地に広がっていった」のである。「これは、政府や県に負担軽減を求める農村・農民側の強いアピールであり、勤倹主義の実践を質に、為政者側から農村救済策を引き出そうとした」と『県史』は指摘している（八二頁）。

こうした需要の抑制がますます景気を沈滞化させ、不況を深化させてしまうことは、今やマクロ経済学の常識ではある。しかし、不況期に個々の経済主体が勤倹節約をおこなってしまうことは、今も昔も変わらない。また勤倹貯蓄を奨励しつつ、補助金助成金を与える（あるいは引き出す）というのも矛盾している。お金を与えておいて、それを使うなといっているのに等しいからだ。本音と建て前の違いであるといってしまえばそれまでなのだろうが、農村をめぐる諸種の対策には、観念的で情緒的な反市場主義的・反資本主義的な態度と現実の生活に関する実利的な対応とが、同時的に展開していったところに特徴があった。

福井県下各村の「自力更生運動」

さらに『県史』は続けて、勤倹貯蓄が一種のポーズであり、当局側から補助金や助成金を引き出すための手段であったことを、小山村のユニークな事例を紹介しながら示している。当時の小山村の村長は吉田徳五郎という人物で、「初当選の一九〇五（明治三八）年から四五（昭和二〇）年にいたるまで、途中二二年から二七年にかけての五年間をのぞき、三〇余年間にわたり村長職をつとめ……大正末期から禁酒・禁煙を実行し、二七年からは肉類、牛乳、鶏卵の飲食を断って精進料理に徹するという、きわめて熱心な宗教家であり、精神主義者であったとされる」（八九頁）。

この吉田は、「「皇室尊厳」をバックボーンに、「思想善導」のための「敬神・尊仏」の信仰心の有為を説き、三二年一〇月から村会を役場に限らず、学校や神社、仏閣で開くことに決した。役場では戊申詔書、学校では教育勅語、神前では黙祷、仏前では阿弥陀経の読経の後に村会を開くこととした」（九〇頁）。そして、こうした村の内部では金のかからない「自力更生」を強調し、「外にむかっては機会のあるごとに雄弁をふるって負担軽減や補助金の配当を訴えるという、一見矛盾した二つの手段をうまく使い分けていた」（同上）のである。また吉田は、「小山尋常高等小学校長の中村飛知を片腕に、村民とくに青少年の教育にも奮闘した。「読み書きは出来ても、働くすべを教へてくれない学校は何にもならぬ」をモットーに、汗を愛して喜び働く「愛汗喜働」の精神を養う「農民魂打込み」教育を提唱・実践したのである」（同上）。

「農民魂」の発想は、「直接的には、農会の斡旋により福井県でも盛んに講演会をおこなっている山崎延吉の影響が強く、三〇年八月、農会主催による農村教育研究会の講演会でも説かれた、山崎の農民教育論「農民道」を実践したものであった」（九二頁）。

「［山崎は］二九年からは三重県石薬師村（鈴鹿市）に「農民道」の実践の場として神風義塾

を開き、ここを拠点に全国を行脚して、「農民としての踏み行ふべき道、立たねばならぬ道」とする「農民道」の確立を訴えた。「農は国の本なり」とする伝統的農本思想をさらに進め、かつての「武士道」に例を引きつつ、「農民道」こそ皇国に奉公する農民の自負であり、道徳理念であるとした。

小山村の「農民魂」の趣旨にも、近代以降の商工重視主義・都市中心主義・功利主義・享楽主義に対するきびしい批判が随所にみうけられる。しかし、これにつづけて「都市対農村」「地主対小作」等の対立観念をこえる「大乗的大精神」の立場が説かれ、「一村和合」を基盤に据えた「我が帝国の彌栄を希ふ祖国愛」の発揚が説かれている」(同上)。

福井県小山村の事例は、やや極端な例かもしれないが、農村疲弊から立ち直るための村における自主的な運動としての「自力更生運動」が、「経済更生計画」以前から展開していたことは興味深い。

しかし、「自力更生運動」が全県に広がっていったのは、やはり一九三二年の斎藤内閣成立以後であった。七月の斎藤首相による地方官会議における『訓辞』以降、次々と以下のような「自力更生運動」が展開されていった。

まず、今立郡河和田村では、「「農村対策各人の自覚」と題するビラと、「火の用心、病の用心、心の用心」の「三用心」を説いたビラを全村に配布し、自力更生の覚醒運動をおこした」り、「勤倹力行、貯金組合の組織、更生力行の模範者の表彰、冠婚葬祭の節約などを運動の実行事項に掲げ、さらに毎月三〇日を「更生デー」と定めて、早起き・業務精励の実行とともに、この日を酒・タバコ・茶・菓子などの「廃止日」にすることを申し合わせた」りした（九八頁）。また「九月には、県社会教化事業連盟が音頭をとり、県と市町村教化委員会や社会教育委員会、その他各種団体とが連携した国民更生運動がスタート」した。具体的には、「「まづ働け」の勤労主義、「楽しみは家人と共に村人と共に」といった隣保団結や共同扶助・公共奉仕の精神、皇居遥拝・神仏礼拝などの宗教的行為をとおした国家主義の思想」を植え付けるための「覚醒週間」が設けられたり、「精神作興週間」が設けられたりした。また、「新聞紙上での知事の声明発表や、ポスター・ビラの配布、講演・講習会の開催など、マス・メディアを駆使した運動の宣伝・高調がはかられた」（九九頁）。

さらに大野郡某村では、「九月に入って村の二〇歳から三〇歳代の青壮年で自力更生会をつくり、役場吏員、学校職員、団体役員もその後援会となり、共同生産や生活改善に取り組むことになった。製粉機を購入してパンや菓子、豆腐、コンニャクなどの自給自足を試みる一方、矯風会を組織して葬式も手料理でまかなうことなどを申し合わせ」（同上）るといったことがおこなわれた。

「自力更生運動」の現実

しかし、これらの「自力更生運動」が、こうしたキャンペーン以上の広がりと、さらには具体ないのであるが、『県史』はこの点について、次のように書いている。

「運動は全般的に低調ぎみで、同年末には「最近一般に更生運動なるものが口にせられるのみで、その実績があがつてゐないし、動《やや》もすれば忘れがちの状態にある」との反省から、運動に携わる各種団体、指定町村の関係者を集めた協議会が県農会で催されることになった（『大阪朝日新聞』一九三三年一二月一六日）。その席上、三二、三三年度の指定三五か町村の指導者に対して、「現在の更生計画は、兎角声のみに止まり、実行に乏しき嫌ひがある」との酷評が下され、「指定町村は他町村の模範となる」ことが求められた（『大阪朝日新聞』一九三三年一二月二二日）。しかし、翌三四年度も、あらたに二〇か町村が追加指定されたが、例年にない大雪の被害や「室戸台風」に代表される風水害、そしてまた繭価の暴落という種々の障害に阻まれ、計画の進捗は皆無に等しい状態であった」（一〇一〜一〇二頁）。

なぜ運動は盛り上がらなかったのであろうか。結局のところ、農村更生事業費として中央からの補助金・助成金が十分に引き出せないことが、徐々にはっきりとしてきたという理由が、第一に指摘できよう。

福井県では、当初の予定を上回って「四〇年度までの九年間に予定を上回る九一五三か町村、ほぼ八一%の町村がその指定「経済更生町村」をうけた。福井県では三九年度までに計一一四、全体の約六五%の町村が選ばれ」(一〇〇頁)、「経済更生計画の樹立・実行のための町村委員会の設置に一か村平均八〇円、計画の樹立・実行を促進する産業団体の技術員の活動に平均一三〇円の助成金」(同上)が当てられたに過ぎなかった。

多くの町村が指定を受ければ、それだけ各村への割り当ては薄くなって当然で、効果も期待できない。しかし、特定町村をさらに絞り込んでの割り当ては、その指定町村をどう絞り込むかが問題となる。このような統制経済が抱え持つ根本的な問題が、運動のなかにもあったのである。

「自力更生」から「経済更生計画」へ

戦後、鳩山一郎内閣の建設大臣、静岡県知事を務めた当時農林省技官として「経済更生計画」に携わった竹山祐太郎は、この計画について次のように書いている。

「この運動〔「経済更生計画」〕を理解するに当たって、一つ大切なことは、これが官僚の机上からスタートしたものでなく、農村自体の自発的運動から出発したものであるということである。当時、農村指導機関としては農会が唯一の柱であって、農林省もそれを頼りに農村指導しておった。そうした系統農会が中心になって、各地方でもそれぞれ苦心して農村指導に取り組んでおり、またそれを背景に、いろいろな政治的要求が提起されていたのである。一例をあげると、兵庫県農会は会長が山脇延吉、幹事が長島貞という方だったが、非常に熱心に農村指導運動を展開しており、全く自発的に〝農家自力更生運動〟というのをはじめていた。長島は内藤友明氏（代議士）などともつながりのある人だが、なかなかのアイディアマンで、自力更生運動のシンボルとして木彫りの〝農人形〟[6]を作って県下にばらまいたりしたものである。これと名前こそちがうが、似たような運動が各地に起ころうとしていた。こうした盛り上りをいち早く採り上げたのが後藤・石黒・小平のトリオである。……農民みずからの意欲で自力更生運動として起こったものを、政府が主導する運動として採り上げるのであるから、いまさら農民に向かって〝自力更生〟というお説教をするような言い方はできない。そこで、当面の経済の行き詰まりを打開するという意味で〝経済更生運動《ママ》〟という名前で出発することにしたわけである」（中村信夫『刻まれた歴史――碑文は語る農政史――』家の光協会、一九八六年、一〇二～一〇三頁、注は引用者）。

この兵庫県農会の長島という人物が小平に会って[7]、「自力更生運動」について話したというエピソードは、伝記にも紹介されているが、中村は、後藤文夫が東大教授の那須皓《しろし》から、農村自身が自分の力で立ち上がることが必要であり、それを農林省が応援するという形を取らなければだめだ、そういう意識変革が必要だ、とアドヴァイスされ、後藤は「自分もそう思っていたので、それを石黒君に話をした。経済更生運動《ママ》を言い出したのは那須君だよ」（同上）と語ったことを紹介している。那須皓は、青年団活動のなかでの農村問題研究会にも所属し、昭和研究会の同研究会にも参加している。

「経済更生計画」の最初の主唱者が誰であれ、要するに、これが農民の自主的な運動からはじまり、それを農林省が具体的な政策として実行したことに変わりはない。また、この農民の「自主的な運動」は、浜口民政党内閣期に取られた緊縮政策とそれに呼応した合理化政策の延長上に明らかに位置づけられる。民政党の山本達雄や民政党系官僚のボスである伊沢多喜男以下の内務省官僚が、後藤農相を全面的にバックアップしたことも、まさにこれと関係するであろう。しかし、後藤の「経済更生計画」は、たんに個々の農家が、「合理化」や「勤倹力行」を実践するというレベルにはとどまらなかった。

一九三二（昭和七）年九月二七日、後藤の指揮のもと、農林省は経済更生部を設置し、翌一〇月六日には「農山漁村経済更生ニ関スル訓令」（以下、「大臣訓令」）を発した。そして、この「大臣訓令」に基づき、一二月二日「農山漁村経済更生計画樹立方針」（以下、「方針」）を関係各機関に通達した。

「大臣訓令」は、農民並びに農村組織としての心構えからはじまり、農村部落の「隣保共助ノ精神」の活用、「官民一致大ニ自奮更生ノ民風」の興起等、精神的要素を重視したものであり、「方針」は、更生計画樹立推進機関（経済更生委員会）の構成や実行機関としての農会、産業組合、町村役場等の役割分担（これらと小学校を加え四本柱と称された）、計画書に盛り込む調査種目を列挙する等、実際に町村側が運動に取り組む場合の指針を示した（武田勉・楠本雅弘編『農山漁村　経済更生運動史資料集成　第一集』第七巻、柏書房、一九八五年）。その後、一九四一年まで続く「経済更生運動」はこうしてはじまった。

一九三三年一月、後藤は、自力更生運動が〝最初に発案された地である〟神戸の新聞紙上で「経済更生計画」の意義について次のように語っている。

「明治以来商工業の異常なる発達と共に農林漁業も亦著しき進歩発達を為したが、遺憾ながら、時に両者の協調を欠き商工業者其の他を以て構成する都市の膨張せるに反し、農山漁村は漸次衰退の過程を辿って今日に至った……内外経済界の異常なる不況によるのみならず、農山漁村経済の運営及び組織の根底に大きな禍因の存することを看過してはならぬ」（後藤文夫「農山漁村経済の建直しを断行せよ」『神戸新聞』一九三三年一月八日）。

ここからわかるように、農村経済の組織と運営、そして、その「根底」に存する「大きな禍因」こそが、後藤にとって真に解決されねばならない問題であった。「経済更生計画」の中心が、農村組織をいかに改変するかにあった理由は、このような認識に基づくものであった。このような組織改編を主とする政策が、後藤ほか、石黒忠篤農林次官、小平権一経済更生部長を中心にした農林省側の主導で取り入れられ、全国的に展開していったのである。地方行政を所轄していた内務省に人脈・声望のある後藤文夫が農相だったということも、「経済更生計画」の全国展開に重要であった。さらに後藤は、大日本連合青年団並びに青年館の常任理事であった盟友・田沢義鋪とともに青年団運動を通じて農村青年にも、自力更生運動の組織を呼びかけていった。農林省、内務省、そして青年団が農村組織の改変を主目的として動いていったのである。

青年団における農村問題研究

後藤農政が推進した「経済更生計画」には、青年団が深く関わっていた。第3章でも述べたように、後藤は、全国連合青年団が組織化されていく草創期において、内務官僚としてそれを監督指導する立場であった。また青年団による健全な人格の修養が、新日本の建設に不可欠であると考えていたこともみてきたとおりである。また台湾総督府総務長官を更迭されたあとの「浪人時代」に、井上準之助の後を継いで第四代理事長に就任し、斎藤内閣の農相時代も継続して青年団活動に携わっていたこともすでに述べた。とはいっても、後藤が、地方の青年団活動に直接関わったわけではなく、中央の青年団本部での活動、なかんづくさまざまな研究活動を組織することが、もっぱらの仕事であった。前章では、そのうち教育問題に関する青年団における研究活動にふれたが、ここでは青年団本部でおこなわれた農村問題研究についてみておきたい。というのも、後藤が農相であった時期、青年団本部における研究会は、その「研究成果を農村行政に生かそうとして、熱心に会合を続けた」（酒井、前掲、二〇頁）といわれているからである。

青年団の農村問題研究会が発足したとき、委員長は、後藤隆之助の一高時代の恩師である新渡戸稲造が務め、法政大学の小野武夫、農林省の小平権一、東大の戸田貞三、東畑精一、那須皓、蝋山政道、農民組合長の中沢弁次郎、内務省の南崎雄七、農業団体の東浦庄治、朝日新聞の牧野輝智、京大の渡辺庸一郎ら、それに青年団から後藤文夫、田沢義鋪、後藤隆之助、熊谷辰治郎らが参加した。若き東大教授の蝋山政道が、のちに昭和研究会の中心人物となるきっかけは、この研究会に参加したことによったという（同上、四一頁）。この研究会は、大日本連合青年団編で農村問題叢書九冊を発刊し、全国の青年団の指導者へ配布した。いずれも刊行元は、日本青年館である。

刊行順に、牧野輝智『農村金融問題』（第一輯、一九三二年）、東畑精一『農産物価格問題――主として価格変動について――』（第二輯、一九三二年）、蝋山政道『農村行財政問題』（第三輯、一九三二年）、東浦庄治『農業多角経営問題』（第四輯、一九三二年）、小野武夫『村と共働』（第五輯、一九三三年）、戸田貞三『農村人口問題』（第六輯、一九三三年）、南崎雄七『農村保健衛生問題』（第七輯、一九三三年）、小平権一『農業金融問題』（第八輯、一九三三年）、中沢弁次郎『新農村の建設』（第九輯、一九三四年）である。

では、こうした研究の成果は、後藤が農林大臣にあった頃に活かすことができたのであろうか。この点について、酒井は興味深い証言を残している。すなわち、青年団の農村問題研究会で、日本の農村の惨状を実際にみた上でないと、本格的な研究は不可能だという観点から実地調査がおこなわれたのが、一九三四（昭和九）年の東北の大凶作をきっかけとしてのことであったということである。そのとき、後藤はすでに農林大臣ではなく、岡田内閣の内務大臣になっていた。もちろん、だからといって青年団のこの研究組織の成果がまったくのちの農政に活かせなかったことにはならないだろうが、少なくとも後藤農政期に本格的に活かすチャンスはなかった。

また、この調査によって、それまでの青年団の農村運動を反省し見直すきっかけが出てきたという。つまり、それまではとにかく農作を一生懸命やって技術を向上させるとか、農村の工芸品を改良するとか、そうした勤倹力行が奨励される傾向にあったが、蝋山や東畑は、「全体の産業の中で農業をどうするか、農村と都市、農業と工業との関係をどうするか、あるいは、全体の流通問題や農業団体の再組織問題といった、まったく新しい観点を農村問題の解決に持ち込んだ」（同上、一二七頁、傍点引用者）という。

しかし、この評価は、いささか微妙なものを含んでいる。これからみるように、全産業のなかで農業をどうするのか、あるいは農村の組織の問題が重要である、といった視点は後藤文夫が書いたり述べたりしたもののなかにも見出せるからである。研究者ではなかった後藤文夫ではあるが、青年団の研究会における蝋山や東畑の議論から、ヒントを得て、それを自分なりの形で政策に活かそうとしていたことは十分に考えられるのである。いずれにせよ、青年団本部の研究会は、この時期、後藤文夫のブレーン集団としての役割も担っていたのではないだろうか。

3　産業組合運動

産業組合と地方の組織化

「経済更生計画」は、勤倹力行による生産改良的な特徴をもちつつも、農村問題の抜本的解決のためには、全体の産業のなかで農業をどのように位置づけるのか、農業組織をいかに改編していくのかという問題意識を含んだものであった。産業組合拡充計画も、その意味で、「経済更生計画」の線上に位置づけられる。ここでは、一九三三（昭和八）年から開始された産業組合拡充計画の実施を支えた後藤の思想と産業組合運動を通じた地方の組織化の問題をみておこう。

産業組合運動における後藤の思想については、森武麿『戦間期の日本農村社会——農民運動と産業組合——』（日本経済評論社、二〇〇五年）において、機関誌『産業組合』の分析から、千石興太郎（産業組合中央会主席主事）、志立鉄次郎（産業組合中央会副会頭）、そして柳田国男と比較しつつ論じられている。

森は、一九三三年四月二六日から三日間、日本青年館で開かれた産業組合大会に結集した後藤ほか、織田信恒農林政務次官、小平権一経済更生部長、田中長茂経済更生部産業組合課長などの主要な農林官僚が顔をそろえたこの大会で出された「産業組合拡充五カ年計画遂行ニ関スル宣言」が、産業組合拡充運動の第一年度の結束を固めるものであり、同時に反産運動に対する闘争宣言であると述べ、そのなかで千石興太郎の「産業組合情勢報告」（『産業組合』三三三号）には、産業組合主義を資本主義と対抗する側面において規定していることが注目されるとしている。また同じ号に掲載された後藤文夫の大会講演「経済更生と産業組合」は、天皇制（皇室）を郷土愛と結び付け、その基礎として農業の精神、隣保共助の精神を考えつつ、この根本精神を郷土において体現するのが産業組合であると論じているとまとめ、要するに、「資本制自由主義と対置し、伝統的な共同体秩序（隣保共助）の再編を狙うところに産業組合の特徴がある」のであり、そこに「後藤、千石にも共通した当時の産業組合推進者の主流的イデオロギーをみることができる」（同上、一八五頁）としている。

一方で、産業組合のとらえ方の「傍流」として、志立の議論には、「産業組合は自由主義と同じく個性を尊重する。個性あつてこそ初めて国家社会が隆盛に赴き健全なる発達を遂げるものである」「個性を無視して、政治上に於ても経済上に於ても凡べて個性の啓発を抑圧して国家の力を以て之を統制して行くといふことは非常な間違いである」とした自由主義、個人主義の色彩が強く見られることを指摘している。

森は、「形成期日本ファシズムの農民統合のためのイデオロギーの重要な一翼を担うのは、志立流の自由主義を否定した上に全面開花する後藤、千石らの産業組合主義であった」（同上、一八六頁）と総括している。

他方、森は、柳田の「農村生活と産業組合」(『産業組合』三三六号)を引きながら、柳田は、日本の産業組合における歴史的基盤が中世以来の「結」にあり、同時にそれが民主主義的、自治的側面をもつことを抽象して、官製の産業組合主義や西欧流の自由主義を同時に批判する視角をもっていたとする。

確かに、後藤の上の講演内容だけをみれば、復古主義的共同体論を強調しており、それが柳田の批判の線上にある議論であることは間違いないだろう。しかし、後藤の産業組合思想の地盤が、単純に復古主義的共同体にあったと考えるのは、早計ではなかろうか。後藤が、あくまでも「下から」わき上がってくる「村の自治」を重視したことは、たとえば青年団運動への取り組みや、また後藤と協力しながら後藤以上に青年団の自主的な運動を重視した田沢義鋪の所論にもみて取ることができる。柳田の「道徳的自治、社会組織的自治と云ふか、広い意味に於ける人間の生存の自治と云ふものを誰が支配したかと云ふと皆之は村がやつた。而かも村も、本当を云ふと、若いものがやつたのである。……総てのものを率直に批判してどれが正しい、どれが面白くないと云ふことを言い得る人間も彼等であつた……」という主張など、後藤や田沢が読めば、まさに然りと膝を打ったに違いない。

もっとも、柳田はさらに続けて、「日本の現在の組合制度の繁栄と云ふものは、或る優れた少数の人間の献身的な寄与、又は国家並に府県から非常に大きな補助と云ふようなものに基いて盛んになつたのだと意つて宜かろうと思ふ」と現状の組合主義運動を的確に批判していた(同上、一九三頁)。上からの「組織化」を本格的に推進していこうとしたときに(そして、その成果を誇ろうとすれば)、まさに後藤も強調していた農村における「青年の自治」は、上からの統制に呑み込まれていく危うさも同時にもっていたのである。

しかし後藤は、産業組合を中心とする農村経済の恒久的立て直しという政策論を、その後も閣内で強く主張していった。一九三三年一一月七日、斎藤首相、山本内相、永井柳太郎拓相が出席(高橋蔵相は病欠)して開かれた農村救済の恒久的対策を議題とする第一回の内閣閣僚会議の席上で、次のように主張した。

「経済的不安は若干緩和されたかに見えても底流に於る社会的不安は依然たるものがある、これが対策としては、一、農村疲弊の根元を矯正すること、一、農村の将来に光明を与うるように導くこと、の二大方針を確立し、これに準拠してあらゆる具体的な対策を選定し考究しなければならぬ」(「農村の恒久対策負担軽減が第一義/〝将来に光明を与うる道〟後藤農相から開陳」『大阪毎日新聞』一九三三年一一月八日、以下、引用は同論説より)。

後藤は、ここでも「農村負担軽減問題はあらゆる恒久対策に先んじて実現せしむべき問題で農村疲弊の根元を除去する唯一の方策である」とし、税制の全面的改正と、過渡的な手段として「地方財政調整交付金の実現ないし義務教育費の国庫負担問題」が考えられるべきあるとしているのであるが、これらの「対症療法的な個々の対策」だけでは「農村の将来に光明を与うる」ことは難しいとする。つまり、応急策は応急策として即時に実施されねばならないのだが、これら「負債整理農村金融肥料統制蚕糸対策などの諸問題」は、「農村の組合組織化の見透しのもとに考究されねばならない」性格のものなのであり、したがって、後藤にとっては、「産業組合主義を中心とする農村の組織化」こそが、根本的な施策なのであった。なぜか。

後藤は、「現在の産業組合中心の農村経済更生計画の拡大強化」は、「同時に中小商工業者の商業組合及び工業組合の運動と協調提携することによって更に大きな協同組合主義に発展すべき動向を持っている」からであり、「この動向を理解することによって現在の中小商工業者は更生することが出来る」からだという。

後藤および農林省官僚によって策定された「経済更生計画」は、この時点で、将来的には、農業、中小工業、商業などの各組合を糾合して、国民的統制組織形成を目指すものとして位置づけられた。そして、閣僚会議では、山本内相、中島久万吉商工相、永井拓務相らがそれぞれ「所管事務の立場から意見を開陳しかつ後藤農相の説明の主旨に賛意を表し」たのである。

産業組合運動の政治的意味

一九三三年から三七年にかけて実施された産業組合拡充五カ年計画の目標は、「産業組合の未設置町村をなくし、農家を全戸加入させる。系統機関の利用を促進し、町村組合は信用、販売、購買、利用の四種兼営とする。部落単位の農事実行組合、養蚕実行組合をすみやかに産業組合に加入させる」(森、前掲、一八一頁)というものであった。そして、この間実際に組合員数は、一九三二年度末の四七八万人から一九三七年度末に六二一万人へと増加し、全農家の約七七%を組織した。また事業内容も貸付残高でみた信用事業が五%増、売上高でみた購買事業は二・六四倍、販売事業は二・九五倍、利用事業は二・一九倍と著しく躍進し、とくに肥料の購買事業と米穀を中心とした販売事業の成長がめざましかった(同上)。

しかし、こうした産業組合の発展が、中小商業者の排除という側面を多分に含んだものであり、反産業組合運動を引き起こし、後藤ら「新官僚」に対する政治的反発も生み出していった。実は、当時の新聞紙上に「新官僚」のキーワードが登場するのは、昭和戦前期朝日新聞データベースの記事検索によると、一九三四年五月一二日の朝刊三面に掲載された「時の話題「産組」「反産」の対立　激化する攻防陣」と題する記事が最初である。まさに「産業組合運動」との関連で、「新官僚」という言葉が登場していることは、注目に値するだろう(8)。

この新聞記事によれば、「五・一五事件以来政党の転落に乗じ強勢となった官僚、新興政治勢力として結成されたと称せられるいはゆる『新官僚派』——農林省の役人たちがこの有力なメムバーだといはれてゐる——」と「新官僚」を把握している。内務省ではなく、農林省官僚がその有力メンバーであると報じられていることからもわかるように、後藤文夫がその中心的人物であると考えられていたことに間違いはない。

新聞記事によれば、「後藤農相は産業組合主義を可成り熱情的に強調して反産運動より投げられる非難の当たらざることを繰り返している」とある。つまり、産業組合運動が、決して中小商業者をないがしろにするものではなく、それらも包含した組合を組織することの重要性を、後藤は強調したのである。同時に、こうした後藤の主張が、この時期に閣内で必ずしも主流ではなかったことも指摘されている。つまり、中島商工相が、いわゆる「足利尊氏論」問題で、辞任に追い込まれたあとの商工相に就任した松本烝治は、「産業組合運動が産業組合法の限界を逸脱してまで進むのはどうであろうか」と、産業組合運動に対する疑義を差し挟み、また斎藤内閣の副総理格であり「ほとんどその一生を自由主義的環境の中に育てられて来た」高橋蔵相も、この松本商工相の意見に賛同して、「産業組合の発展も良いが余り行き過ぎてはいかん」と述べ、さらに同じ政友会閣僚の三土忠造鉄道相も、高橋の意見に同調したと報じている。

さらにこの記事では、「産業組合運動の政治的役割が徐々に世間の関心を刺激して後藤農相にそんな野心はないにしても全国五百万の産業組合員は農相の政治的地盤となってゐる」と気に病む者もあり、「それは兎も角産業組合の系統的活動は国家行政を農村の隅々まで浸透せしめるもつとも敏速な神経」であることは間違いないのであり、「軍部の産業組合運動に対する態度はこの道の事情を物語るものであろう」と、「新官僚」グループを背後で支持する軍部の影響を指摘している。

4　後藤農政とは何だったのか

農本主義イデオロギーによる統合

「経済更生計画」や産業組合拡充運動は、上からの統制を徹底させるための農村組織化の方策であった。さらに、下からの自力更生を上からの統制組織に糾合していくには、農村と国家を結び付けていくイデオロギーが必要であった。以下では、昭和恐慌後の農村匡救政策に端を発した後藤農政が、国民統合のイデオロギーとしてどのような手段を用いたかについて、農本主義イデオロギーとの関わりでみておきたい。

まず、後藤農政には明らかに「農本主義イデオロギー」の一つの形を見出すことができる。なぜならば、後藤自身、立場上一貫して農村問題にコミットできる地位にあったわけではないにもかかわらず、早い時期から農本主義思想家との接触を通じて、日本社会に内在する諸矛盾と危機の源泉の一つに「農村の疲弊」という問題があると認識していたことは、明らかだからである。

第一次世界大戦後恐慌、金融危機に端を発する台湾での経済危機、そして昭和恐慌といずれも経済問題の諸矛盾は、農村への打撃という形になって現れた。前節で引用したような後藤の都市と農村の諸矛盾の止揚という考え方は、決して農林大臣としてのポジショントークではなく、年来の問題意識の発露であると考えるのが適当であろう。
もっとも一口に農本主義イデオロギーといっても、そのなかにはさまざまなタイプがある。これまでの農本主義研究が、千差万別ともいえる農本主義イデオロギーに関して、それを十分に把握整理しきれているとは思えないが、ここでは以下の保阪正康の整理にしたがっておこう。保阪は、昭和初期の農本主義者のナショナリズムを次の四つにタイプ分けしている。

「一つには、権藤成卿や橘孝三郎のような日本の共同体としての農村でこそ人格的な陶冶ができるとみて、農業そのものを軸に日本の社会体制を考えたタイプ、また農村そのものの体質を変えることを目的としつつ、満州移民でその理想を達成しようとした加藤完治や口田《くちだ》康信らのタイプ、農民の生活向上や農民救済を目的にした農商務省の官僚（たとえば東畑精一など）を中心としたグループ、[9]農業経営を軸に考えながら、農業そのものの本質を軸にして農村青年の人格向上のために知的な錬磨を指導した安岡正篤を師とするグループ」（保阪正康『昭和史の教訓』朝日新聞社、二〇〇七年、七九頁、注は引用者）。

この保阪の分類にしたがえば、後藤は、この三番目と四番目のグループの中間に位置していると考えられる。安岡は、「農村青年の知的欲求にこたえて、新しいタイプの教育機関（日本農士学校）を設けて、国益・国権を軸とするナショナリズムと農村共同体のナショナリズムの回路をつなごうとした思想家」(同上、八〇頁)であったが、後藤もまた青年団の活動を通じて、安岡と同じ方法ではないが、実践にも寄与していた。また後藤は、国本社理事にも名前を連ねており、斎藤内閣の陸相・荒木貞夫とともにこの安岡グループと国本社で繫がっている。

一方で、保阪のいうところの「官僚グループ」の系譜に属する山崎延吉[10]、および彼に連なる一群の農政官僚の思想と活動が、昭和恐慌期の後藤農政を評価する場合に重要であろう。山崎が、愛知県立農林学校の校長として、一九〇〇〜二〇年代にかけて、県内とくに安城の農業改革に取り組み、一帯を日本のデンマークと称されるほどの農業先進地帯に変えていった業績はよく知られているが、その山崎さえも昭和恐慌による農村のダメージには強い危機感を抱き、先にも述べたように「自力更生運動」のなかで「農民道」を強調し、「経済更生計画」の精神面からのサポートをおこなったのである。

後藤と報徳思想

山崎が唱える「農民道」という求道精神の強調は、人心の作興を強調する二宮尊徳の報徳主義とも近しい関係にあると考えられよう。後藤もまた、何度か二宮尊徳の思想と行動について、それを称揚している。ここでは後藤の二宮尊徳に関する言及をみることにしたい。もっとも、以下に紹介する二つの講演記録(「世界に誇るべき我等の二宮翁」(『斯民』第二八編第六号、一九三三〔昭和八〕年六月一日)、「二宮尊徳先生を偲ぶ」(『斯民』第三〇編第一二号、一九三五年一二月一日）は、いずれもそれぞれ中央報徳会主催の講演会、日本青年館主催の二宮尊徳生誕記念の講演会、のものであるので、多少割り引いて読む必要があるが、後藤がとくに現今の経済問題や自力更生運動に関係して述べた部分を引用する。

まず前者の「世界に誇るべき我等の二宮翁」からの一節である。

「二宮先生の扱はれた問題を一面から見ると、今日で謂ふところの経済問題に多くタッチされて居る。荒地の開墾といふやうなことを可成り多くやられた。併し荒地の開墾には唯その畑や山だけを開墾するといふのではなく、先づ其の荒れたる心を開拓されたのである。……荒地の開墾をやる時には同時に人心の開拓をするといふことは、恐らくさういふ場合に臨んで皆考へ付くことであるが、二宮先生は皆が考へつく問題を明白に、的確に、実生活の体験に基いて立派に解決されたのである。我々は今日色々の困難な問題、殊に経済の難関を打破しようとして諸種の問題に当面して居るが、問題を解決するには財政手段が考へらるゝと同時に、人心の作興といふことに何うしても思ひ到らざるを得ない。之なくしては何の経綸も実行し得られないのである」（傍点は引用者）。

後藤は、現今の経済問題、すなわち農村の匡救問題について、財政出動だけでは「何の経綸も実行し得られない」と述べているのだが、ここでは農村の組織化ではなく、人心作興が強調されている。

次の一九三五年の講演時には、後藤はすでに農林大臣から退き、岡田内閣の内相として選挙粛正に力を入れていた。しかし、前の講演以上に人心作興の重要性が強調して論じられている。

「先年来特に高調せられ、現に有志によつて真剣に実行されて居る農村経済の自力更生の活動を見ても、先づ夫々具体的の計画を定め、之を実行して予期の成績を挙ぐるには如何にすべきかといふと、要するに村の人々が真剣にそれを実行しようと決心し、更に其の決心を実行に移すだけの熱意が毎日続かなければならぬ。斯る不断の実行が如何にして出来るかといへば、その事を為さんとする人々が、唯自分の利益であるといふ事から超越して、之が真の天理に従ふ道である。之こそ人間当然の任務である、といふ堅い信念と熱意が現れて来て、本当にそれが実行となり、予想以上の成績を実際に上げることゝなるのである。今日農村経済更生に努力されて居る人々が、常に考へて居られることは、唯計画を立て方法を考へる丈ではなく、それを行ふ精神即ち魂を村の人々に植付ける事である。此の魂を入れることなくして唯金銭の利害を説いたゞけでは、如何なる方法でも到底実現されるものではない」（傍点は引用者）。

確かにもともと「自力更生」のアイデアは、「下から」上がってきたものといえなくもない。しかし、もともとは浜口内閣時の合理化運動に呼応しての農村の対応であったのであるし、「経済更生計画」を立て、組織化の方法などを提示していったのは、農林省であった。なぜ後藤は、いかにもこの「自力更生」が「下からの」運動であり、官製の国民的運動ではないかのように述べるのであろうか。

その理由の一つには、「自力更生」に限らず、精神の作興を強調するあらゆる運動は、その責任の所在を限りなく本人の努力の有無に近づけていくことが可能であり、いくらでもその達成を先延ばしにできるからである。民衆を未完の目標に向けて、つねに先導していくことによって、官僚はまたそのイニシアティブを取り続けることができる。そして、もう一つの理由は、そうした民衆の努力を引き出すために「金銭の利害」（経済的インセンティブ）だけでは「到底実現されるものではない」のであるから、財政的な援助を削減することが可能となる。

浜口民政党内閣時の「合理化運動」も、当初の工場内の時間管理による作業の能率化という意味合いを大きく逸脱して、「生活の合理化」にまで拡張解釈されていった。「生活の合理化」は、多くの場合、旧来どこにでもあった節倹の道徳を実行するに過ぎなかったのだが、あたかもそれが国策と接続しているかのような錯覚を与えた。

要するに、大衆を動員しての社会改造計画は、大衆レベルまでに政策の実行を担わせるようにみせるために、その複雑な内容の中身を希薄化させつつ、スローガンと組織作りに収斂していくことになる。

「自力更生運動」も、結局のところ、最終的には戦時動員体制のなかの一部門に位置づけられることによって、希薄化されていく。そして、後藤が講演でも述べているような「予想以上の成績」を実際に挙げることはついになかったのである。

戦後、一九七四年に後藤はこの「自力更生運動」のことを回顧しつつ、このように述べている。

「私は内務省時代から青年団運動には関係がありましたし、農村青年によびかけて自力更生運動を組織したんです。当時の農林参与官が松村謙三さん(11)でしたが、戦後中国に行って中国の自力更生運動をみて、「自力更生は日本のほうがずーっと先輩だ」と言ってきたそうです。松村さんがそう私に話してくれました。当時、大臣の下に国会議員の政務次官、さらに参与官というのがあったんです。松村さんはその参与官だったんです。

この自力更生運動では全国の一町村平均で五万円ぐらいずつ更生資金を出したんです。果樹、野菜なんでもとにかく農村更生に役立つものならやれというわけだったんです。青年団が真剣にやりましたね」（アドバンス大分、前掲、三三六頁、注は引用者）。

毛沢東の自力更生運動は、周恩来の唱える現代化路線と妥協の末、結局のところ「大躍進運動」として展開されたわけであるが、その成績が「予想以上」のものとはなりえず、やがて破綻していったのは周知のことであろう。

「危機」への対応としての「国家社会の純化」

後藤農政は、当初「一時の便法」として実施された農村救済事業を粛々と実行するとともに、それが三カ年で打ち切られるのを待たず、社会の安定を達成するための〝根本的〟施策を講じていくことになる。社会の安定と再統合、これが新日本同盟に集った「新官僚」にとっての本来の目的である「国家社会の純化」(「新日本同盟」設立趣意書の文言。前出)であったことはいうまでもない。

この点から「経済更生計画」をみるならば、その政治的背景には、普通選挙法実施にともなう小作層の社会的地位の上昇にともない、既存政党に対抗して彼らを組織化していこうとする意図があったともいえるであろう。事実、「経済更正計画」以降、産業組合を中心に中小地主と小作の組織化が進み、旧来の地主層を中心とする農会(政友会の支持基盤)との地位が逆転していったと指摘されている(井出英策、前掲書、一〇九～一一〇頁)。

また後藤は、斎藤内閣の農相から岡田内閣の内相に留任すると、この「経済更生計画」実施・推進のため地方官制の大幅改正をおこない、一九三五(昭和一〇)年一月、府県の内務部から経済部を独立させる。これによって内務省が「経済更生計画」を事実上引き継いでいくことになる。一九四一年には、大政翼賛運動のなかにこの「経済更生運動」も吸収されていったのであるが、これも、後藤が(積極的ではなかったにせよ)その中心にいたからであろう。『農林水産省百年史』

は、「中央・地方を結ぶ行政ルートを軸とし、農山漁村の産業・経済・生活と広く網羅するこのような運動形態の施策が展開されたことは、明治以来百余年にわたる農政のなかでも異例のこと」（『農林水産省百年史』編纂委員会編『農林水産省百年史　中巻　大正・昭和戦前編』一九八〇年、二一四頁）であったと述べている。まさに後藤は、「自力更生運動」の動員に、その最初から最後まで関与したということができよう。

しかしこれを単純に、地域・地方から起こってきた「運動」を官が動員・組織化することによって、やがて日本版ファシズムを支える基盤を作り出していったと評価するのみでは、後藤の主観的な意図を読み誤るのではないだろうか。

少なくとも当初の後藤は、政治的に既存政党に対抗していくという観点からだけではなく、農家個々の対応ではなく農村社会全体を問題としなければならないという発想から、隣保共助・相互扶助の精神、農と工との協同主義を押し出していった。そこにはやはり第一次世界大戦期以来の、後藤の危機意識とそれを乗り越えていこうとする理想像があったのである。

先に掲げた一九三三年一一月の閣僚会議では、農業と工業との協同を産業組合が担っていくべきだという自説を述べたのち、

「農村の組合組織化の後に来るべき問題は工業の農村化即ち新なる農村工業の創始であって都会の資本と農村の労働との相互交流をはかるのが理想と考えられる、これによる都会特有の

諸弊害を除くとともに農村の余剰労力を消化し現金収入の途を拡充しもって都会と農村の対立関係を漸次解消してゆくことができるであろう、即ちこの遠大の理想を想定することによって農村の組合組織化が具体的に考えられ組合組織化の見透しの下において右の如き個々の対策が生きてくる」（前掲『大阪毎日新聞』一九三三年一一月八日号）。

と、後藤は自らが思い描く理想の社会像を示していたのだが、同様に『大阪朝日新聞』一九三四年一月にも五回にわたってこの農村工業、農村と都市との矛盾対立を止揚した世界について語っている。

「かくして対策を生かしきった時はじめてその対策の彼岸に新しい世界が開かれるのである、農村工業の創始も彼岸への移行の一つの準備として理解してほしい……

「農村工業の創始は逆に見れば工業の田園化といってもいい、農村工業論は私がいまだ台湾にいたころほのかに一つのアイデアとして想到したことがあった」……

農村工業の創始は産業の機械化から人間の機械化を救いだし都市集中主義を緩和して農村余剰労力を消化し農村に新しい生活向上を与える……

都会の罪悪的属性は過度の都市人口集中と大工場の密集が原因である、その破壊的属性は高度の機械化からくる人間の機械化及び失業郡《ママ》の増大が原因である、これは現在のままで資本主

義が進展すればするほど不可避的な現象と見られるであろう
　これに対し農村は都会の重圧にひしがれて惨憺たる生活に陥りながらなお健康な属性を残している、悪いことをすれば翌日から共に生活出来ない実情にある、粗朴《ママ》で正直で欺されることはあっても欺すことはほとんどない……
　私の夢は農村工業の橋を乗越えた世界である、だから農村と都会の止揚された世界である、都会の制覇でもなければ農村の制覇でもない、都会の罪悪性及び破壊性を除いた都会、農村の健康な建設的動向に生活力を賦与された農村―そこでは最早や都会と農村の対立はない
　都会は都会として適当な活動を続け農村は更生された新しい生活を享受する、この都市農村の止揚された世界はどんな道徳性を持っているだろうか、その止揚された世界こそ農村的な道徳で規定されるものではあるまいか」（後藤文夫「明日の農村を語る」『大阪朝日新聞』一九三四年一月五～九日）。

後藤は、既存政党の腐敗堕落を批判しつつ、産業組合や青年団を通じて新たな農村の組織化に着手していったが、その先には、農村と都市の対立を止揚した世界（農村工業の創始と工業の田園化）の実現があったのである。
　戦後、後藤は、国を愛する心の基盤となる共同体の崩壊が進行していく状況についてどう考えているのかを問われて、次のように答えている。

「今後農村は人口も減るし、自立経営といえば、相当な面積を持った百姓でなければできないということになると思いますが、やはりある数の農民というものが残ってることが必要なんで、したがってそれが中核になって、民族のふるさ［と?］というものを維持していかなければいけないと思うのです。そして何かの機縁で、都会に出ている連中もそこへ帰っていく。ことに今後は労働時間が短縮されて、一週間に二日も休みになるということになれば、何かそういう場所が存在しておって、農民の生活している状態の中へ、都会の人達も二日ぐらいひたる。それから遠方に出ている者が、いまでもその習慣がありますが、盆暮には帰って、そして都会では味わえない一種の温か味なり、楽しさを味わえる場所が存在してなければいけないのではないかと思っているのです。そうでないと本当に利害関係だけで集まる集団になってしまって、共同体的な、一種の愛情というものをはないということになってしまう」（前掲「人物政治史料　後藤文夫㈡」一一五頁）。

産業社会の進展を前提にしつつ、農村社会に民族的なアイデンティティの基盤を求める後藤の考え方は、エコロジカルな社会や共同社会の復興を目指す今日のさまざまな運動に通じるものが見出せるように思われる。逆に、だからこそ、今日のエコロジー運動などは、容易に農本主義的ナショナリズムに回収されていく危うさも備えているのではなかろうか。

後藤農政の限界

保阪は、「江戸時代からつづいていた「自然村」は、昭和初期から資本制の市場へと変わっていくことにより、なにがしかの変革は余儀なくされた。低い位置に据えられていた自給自足的生産構造は「実利」をともなう論によって、あるいは外的要因（たとえば、情報の広がりや生産財、消費財の農村への流通など）によって、農村も農民の意識も変わらざるを得なかった。それは「自然村」や「封鎖的共同体」が、「供給地域」に、あるいは「開放的共同体」に変化することが不可避のことでもあった。それはそのまま戦時下の農村共同体の姿だった」（保阪、前掲、九八～九九頁）と書いている。

しかし、戦時下の農村共同体は、決してそのまま「供給地域」として、あるいは「開放的共同体」としてそのまま国家に包摂されていったのではない。この点、「自然村」や「封鎖的共同体」が、実利をともなった市場経済の論理によって解体されていったあとの、「再組織化」をとらえる視点が、保阪の指摘にはともなっていないように思われる。したがって、戦時下において皇国農民として包摂されていく行き方が、あたかも農村が市場化によって解体された直接の結果であるかのように考えられてしまっている。

「昭和恐慌」によって農村経済が大きなダメージを受け、その結果、農村共同体の破壊が進んだのではなく、すでに幕末開港以降、否、地域によっては江戸時代以来の市場経済化の進行によって農村共同体がゆるやかに解体していたからこそ、恐慌の影響が農村にとってもっとも大きなダメージとして現れたのである。当然、恐慌のダメージからの脱却は、「自然村」や「封鎖的共同体」の復活ではなしえないし、また柳田国男のいうように、「常民文化」のなかに都市と農村の矛盾や対立ではなく融和や協調を見出そうとする行き方からも導き出されないであろう。

その点からいうならば、後藤の認識もまた柳田同様に、市場化された農村の現実を無視した観念的・抽象的な議論というほかない。後藤は、道徳性における農村の都会に対する優越、つまりは伝統的な規範の強さを指摘し、次のように述べている。

「外部からの環境に恵まれれば直に更生への歩を踏みだすことが出来る、常に用意されているのは建設への動向である、農村には自己破壊の動向はなくただ建設への動向あるのみである、そこに農村の建設性がある、都会の破壊性に対し農村のこの建設的動向は農村の貴重な道徳的優越を物語っている。……この農村の道徳的優越こそは大地に根ざした農本の意思である。冒頭に私の想到した土の哲学である。……彼岸の文化状態は何か、それが都会から生れて来ないことは確かである、しからば都会を否定して農村に覇業を与えるか、私はそれほど簡単には考えられないと思う、それは歴史の必然を無視した論である、単純な抽象的な農村制覇は時代への逆行である」（後藤文夫、前掲「明日の農村を語る」より）。

単純な農村制覇による日本の体制変革が、権藤や橘らの農本主義的行き方だとするならば、後藤の議論は、それらの農本主義者の思想とは一線を画してはいる。しかし、道徳的に優越した農村の建設性をア・プリオリに措定し、「外部からの環境に恵まれれば直に更生への歩を踏みだすことが出来る」として、農村の「組織化」、すなわち「外部からの環境」の整備を主導していこうとする後藤の考え方は、結局のところ、自らが唱えていた農村の「自力更生」という方向性をも否定する自家撞着に陥ってしまうことになった。

現代でも、農村あるいは農業に伝統的な価値観や固有の文化を見出そうとする見方は少なくない。それ自体、必ずしも間違ってはいないだろうが、変化する社会の流れに逆行した〝農〟に対する過剰な思い入れがもつ危険性にも十分意を払わなくてはならないであろう。

注

（1）　三月の日銀による公債引き受け宣言が、インフレ期待をもたらしたことについては、岩田規久男編、前掲、第3章、第6章を、また高橋の二段階リフレーション政策に関しては、同書第5章を参照のこと。

（2）　「象徴的にいえば、関東大震災によって、都市の近代化がはじまったのに対応して、農村恐慌以後、公共事業の農村への普及が開始されたといってよいであろう。要約すれば、一九二〇年代と三〇年代を対比してみたとき、公共事業費に代表される財政支出、ひいては政府の政策の重点が、都市から農村に移行したのである」（中村隆英、同上、一四五頁）。

（3）　これらの運動が、計画に基づくものであったかどうかという論点は重要ではあるが、峻別することが難しい。次節でみるように、農村の合理化運動はすでに昭和恐慌期に開始されているし、経済更生計画そのものも、農村からの自力更生の動きに呼応したものとしてとらえることが可能だからである。また資料的にも「運動」と「計画」

は、さほど区別されて用いられていない場合が多く、ここでもまた資料にしたがいながら、なるべくその異同がわかるように叙述した。

（4）「合理化」概念がもともとの意味合いを離れて、さまざまなレベルでスローガン的に用いられていった状況については、前掲拙著を参照されたい。

（5）このことは、経済更生計画・運動に呼応して、さまざまな分野の専門家による具体的方策が論じられていったことからもわかる。「合理化」が、たんに勤倹力行の精神主義を脱していく方向性を見出すことができよう。たとえば、この時期に日本評論社から、農村更生叢書（全三〇巻）が刊行されているのが目を引く。このシリーズは、本書と同様一人一冊の書き下ろしスタイルを取っており（共著もあるが）、書き手も学者、教育者、官僚、そして農民など多士済々である。

おもなものを挙げておこう。まず第一巻は、本位田祥男による『農村更生の原理』である。以下、賀川豊彦『農村社会事業』第二巻、第三巻、永田稠『農村人口問題と移植民』第四巻、千石興太郎『産業組合の諸問題』第五巻、南崎雄七『農村の衛生と医療』第六巻、永井治良『蚕糸業経済』第七巻、関屋龍吉『農村社会教育』第八巻、東浦庄治『農業団体の統制』第九巻、東畑精一『農産物価格統制』第一〇巻、田沢義鋪『農村更生と青年教育』第一一巻、有働良夫『耕地整理と土地改良』第一二巻、岡田温『農村更生の原理と計画』第一八巻、岩原拓『農村の体育運動』第二一巻、石黒忠篤『農林行政』第二四巻、山崎延吉『農村非常時と農民道の真髄』第二五巻、四宮恭二『農業保険の理論と実際』第二六巻、山中六彦『保育事業と農繁託児所』第二七巻、宗正雄『品種改良法』第二八巻、今井善兵衛『更生農村』第二九巻、賀川豊彦・藤崎盛一共著『立体農業の理論と実際』第三〇巻などが順次刊行された。

（6）この農人形は、水戸光圀がやはり同じように人形を作ってそれを崇めたという故事に基づくものである。

（7）「自力更生」という言葉自体は、後藤の発案ではなく、兵庫県農会の山脇延吉会長・長島貞幹事によるものであった。長島は、農務局長（のち経済更生部長）の小平権一を訪ねて、この「自力更生」を具申し、小平がそれを政策化したという（一八九〜一九〇頁）。

（8）もっとも、「新官僚」という言葉の本当の起源は依然不明である。次章でも述べるとおり、「国維会」結成あたりで、使われ出したとする文献も多い。

（9）東大教授で農業経済学者の東畑精一が、農林官僚であったとするのは間違いであろう。もっとも、昭和研究会に参加し、政府の農政に対する調査などには加わっている。また戦後においては、農林省農業総合研究所長を兼任した。

（10）山崎自身は、一時的に農商務省に奉職していたこともあるが、官僚というよりも教育家・農政家である。

（11）松村謙三（一八八三年一月二四日～一九七一年八月二一日）は、富山県福光町（現在の南砺市）出身の政党政治家。衆議院議員選挙に通算一三回当選し、厚生大臣・農林大臣・文部大臣を歴任した。日中友好の功労者としても有名。

第7章 「選挙粛正運動」から「新体制運動」へ——「新官僚」の挫折——

1 後藤内相による「選挙粛正運動」の展開

岡田内閣の内相に

五・一五事件以後の二つの中間内閣組閣にあたり、キャビネット・メーカーとして辣腕をふるっていた伊沢多喜男（当時、貴族院議員）が果たした役割は小さくなかった。斎藤内閣成立時、伊沢の部下の丸山鶴吉が組閣参謀として動き、山本達雄の内相就任と山本をサポートする役割を担うべく、後藤が農相として就任した事情はすでに述べた。

しかし、伊沢は、斎藤内閣を短期の五・一五事件以後の内政問題が片付くまでの暫定的政権と考えていた。この時期の伊沢の行動については、黒川徳男「中間内閣期の伊沢多喜男」（大西比呂志編『伊沢多喜男と近代日本』芙蓉書房出版、二〇〇三年）に詳しいが、黒川は、一九三三（昭和八）年一月、伊沢が宇垣一成の擁立を考え、貴族院では斎藤内閣の日本製鉄株式会社法案（いわゆる製鉄合同法案）に上山満之進とともに徹底的に反対に回ったことを指摘し、伊沢が、「統制経済や合理化の名の下に、大企業が政治家と結びつくことに反対したのである」（同上、一五一頁）と述べている。

一方、一九三四年度予算編成に際して、農林省からの大幅予算増額の要求に際し、緊縮を主張した高橋蔵相と後藤農相の対立が明らかになると、伊沢は近衛擁立による倒閣運動を画策し、後藤をサポートした。この結果、後藤は高橋に対して強硬な姿勢を貫き、一九三四年度予算に農村匡救事業としての臨時支出が盛り込まれることとなった。

伊沢の斎藤内閣攻撃は、一九三四年の劈頭から中島久万吉商工相の製鉄合同や帝人株、神戸製鋼株にまつわる綱紀紊乱問題でエスカレートしていった。さらに、中島がかつて書いた「足利尊氏論」によって、菊池武夫・貴族院議員ら右翼議員からの中島攻撃が加わり、二月八日に中島商工相は、辞任に追い込まれた（同上）。

かたや一九三四年一月から武藤山治の『時事新報』誌上での疑獄事件追及に端を発した「帝人事件」(1)によって、七月八日、斎藤内閣は総辞職に追い込まれ、後継の首相には海軍の岡田啓介が指名されることとなった。ワシントン、ロンドン両軍縮条約の改訂に際して海軍の「艦隊派」を抑えることが目的であった。この頃、軍は盛んに「三五、三六年危機説」を唱えて、政府を恫喝していたからである。この首班指名に際して、伊沢は民政党系貴族院議員の長老で斎藤内閣の内相だった山本達雄を重臣方面に推挙していたが、受け入れられなかった（同上、一五六頁）。そこで、山本首班をあきらめた伊沢は、岡田を支持するとともに、後藤文夫を中心にして、その組閣人事に影響力を与えたのである。

ただし、後藤自身は内相として岡田内閣に入閣するつもりは毛頭なかったと回想している。後藤農相の秘書官であった橋本清之助も、当時の後藤の立場を次のように説明している。

「後藤は先輩、同僚を追い抜いて閣僚の椅子にすわり、ことに農相として一躍花形大臣になってしまったので、各方面から、かなり嫉視されていた。ことに政友会方面には農村救済をめぐって、後藤農政と対立し、新官僚台頭の張本人として敵視すらしている空気があった。したがってこの際は引き続き入閣するようなことは極力さけなければいけない、と考えてそう進言をしていた。だから組閣参謀を引き受けることも賛成ではなかったのだ。後藤自身も同じ意見であった。

ところがいよいよ組閣の最終日に、総理官邸の閣議室の隣の部屋で待っていると、後藤が閣議室から出てきて、「どうしても入閣せざるを得ない事情になってしまった。ポストは内務大臣だが、これで僕の政治生命はもう終わりだ」と悲壮な顔をして話すのだ。私もどうとも仕様のない気持ちだったね。あとで内務省記者の会見の際、私は思わず泣いてしまったね」（一九四〜一九五頁)。

もともと新日本同盟では関口一郎とともに幹事を引き受け、事実上事務全般を取り仕切っていた後藤の懐刀とも言うべき存在であった橋本の証言には、一定の信憑性が認められるが、後藤がどうしても入閣せざるをえなくなった事情は、民政・政友両党の駆け引きにあった。

つまり、民政党は、町田忠治と松田源治が入閣することを承知した。後藤は、政友会に対しては床次竹次郎の入閣を要請したが、党としては協力しないという答であった。党としての協力がえられないならば、岡田内閣は流産せざるをえない。困り果てた後藤は、高橋是清に相談しに行ったところ、「床次が出ないというならば、わしが入閣してやるから、組閣を投げずに、政友会と交渉しろ」(一九五頁)と激励を受け、床次は離党して入閣、山崎達之輔も同様に離党して入閣することとなった。しかし、後藤は、蔵相に民政党の町田を、そして内相には政友会の床次を据える構想をもっていたので、床次が離党して入閣ということになれば、構想自体が崩れてしまう。結局、政友・民政両党の顔を立てる形で、後藤自身が内相に、そして藤井真信を蔵相に据え、町田は商工相、床次は逓信相となって入閣した。そして、藤井蔵相は一九三五年度予算の調整困難のなか、病を得て辞職したため、高橋が蔵相になった。これで岡田内閣は、首相と高橋蔵相、町田商工相、床次逓信相の四人が中心となることで、一応の収まりはついた格好になった。

この岡田内閣を、後藤の行動とからめてどう評価するかは難しい。挙国一致内閣の形は取ったものの、議会少数派の与党民政党に重心を置いた内閣であり、政友会、軍部との調整をいかに取りつつ、軍部（とくに皇道派）を中心としたファッショ勢力を抑えるかが課題となる一方で、後藤が内相として粛正選挙を実行していけば、政党の影響力低下は免れない。目の前にある軍部（そして一部軍部と提携を模索しはじめた政友会勢力）との妥協を図っていくのか、それとも議会政治の刷新を目指して粛々と理想選挙に向けてコマを進めるのか。後藤がえらんだ道は、後者であった。

「新官僚」と国維会

後藤文夫自身、自分を「新官僚」と考えたことはなかったとインタビューなどには繰り返し答えている。しかし、「満洲事変」を契機として、金鶏学院を主宰していた安岡正篤の計画により一九三二（昭和七）年一月に国維会が結成され、当時のジャーナリズムの目が注がれるようになった。この頃から、「新官僚」という言葉もまた広まっていった。

一九三四年一一月六日の『東京朝日新聞』は、「世上の疑惑を避け／国維会を解散か／「新官僚母体」の誤解」と見出しを掲げて、「新官僚」が中心となって新日本建設のための無血革命を企図したものであると世間から思われているのを危惧し、解散する見込みであると伝えている。国維会理事であった香坂正康東京府知事も、「国維会は元来目前の政局をどうしようなどといふ事は考へず、日本の国の行くべき道を研究しようと国家百年の事を考へてゐたのだが、この間の政変［斎藤内閣が「帝人事件」で退陣したことを指す］以来どうも世間が喧しくてね」と答えている。要するに、斎藤内閣瓦解の背景に、「新官僚」の策謀があったのではないかという噂が立っていたようである。後藤は、そうした「新官僚」攻撃の矢面に立たされていた。内務大臣を引き受けたものの、「これで僕の政治生命はもう終わりだ」と橋本清之助に話した背景には、こうした「新官僚」への風当たりがあった（一九五頁）。また台湾総督府時代以来、後藤のバックには伊沢多喜男がいた。伊沢は、後藤が「国維会」に入ることを知ったときかなりそれに否定的であった。(2) 世間の誤解を避けるためという理由もあったかもしれないが、伊沢の同意が得られなかったことのほうが、内閣への影響力という点から考えて整合的であるように思われる。「国維会」を解散することにもっとも積極的であったのは後藤であったかもしれない。

国維会のメンバーと活動理念・内容を、吉田博司「国維会の成立と思想活動」（中村勝範編『満州事変の衝撃』勁草書房、一九九六年）によってみておこう。

国維会発足当初の理事は、岡部長景（貴族院議員）、大島辰次郎（内務大臣秘書官）、吉田茂（前内務省社会局長官、協調会常務理事）、松本学（前内務省社会局長官、休職中↓内務省警保局長）、後藤文夫（貴族院議員↓農林大臣）、香坂正康（前愛知県知事、休職中↓東京府知事）、近衛文麿（貴族院議員）、酒井忠正（貴族院議員）（（　）内は発足当時の役職、↓は国維会結成期間中の主要ポスト変遷）であった。のちに後藤の代わりに湯沢三千男（内務省衛生局保健課長）が入り、広田弘毅（外務官僚）が加わった。このほか、財界人から、郷誠之助、池田成彬、結城豊太郎、馬場鍈一、江口定条、船田一雄。朝鮮総督府では、宇垣一成、池田清、岩佐六郎。そして当時の陸軍大臣であった荒木貞夫もメンバーであった。

国維会設立の目的は、内外の危機に対応した日本精神による「政教の維新」と「善隣外交」にあったが、具体的な政策としては、政党政治の弊害の刷新、行政体系の革新、産業経済の刷新、教育の根本的改革、満蒙問題等の解決を掲げた。

国維会の内政改革案

斎藤内閣の成立に際し、国維会は、メンバーから後藤が入閣したのをはじめ、荒木陸相が留任したこともあって、一応の賛意を表した。しかし、吉田茂は、「議会の多数党による単独内閣の組織という憲政常道の考えは、帝国憲法の下に於ては一の勝手なる独断に過ぎない、と主張し、さらに、多数党内閣なるの故を以て善き政を力強く実行し得たりとは到底言い難いことを経験し来ったし、内外の時局重大を極め、挙国一致国難を打開して昭和維新の大業に当たらねばならない今日、他を排して一党一派の力のみを以て之に当らんとするのは、国事に志す者の深く慎まねばならぬ所だ」(吉田、前掲、一六五頁）としていた。左右の両暴力革命を否定しつつ、しかも「他を排して一党一派の力のみを以て」ことに当たるのも不可であるという考え方からは、政党内閣も、ナチス型のファッショ政権も否定され、官僚専制の政治体制が企図されていることがわかる。

政党の弊害を除去しようという考え方は、新日本同盟以来の後藤の考え方にも一致するが、国維会ではさらにそれを進めて官僚専制的なシステムを構想しているのが、注目される。とくに農相秘書官で、後藤にもっとも近い位置にあった橋本清之助は、「議会政治の改革（私）案——議会万能主義の制約と政府強化——」（『国維』第一号）のなかで、次のような制度改革案を提起している（同上、一六七〜一六九頁）。

すなわち、一、内閣は小数な共同体とし、国策遂行の純執行機関たること。二、国策顧問機関は政党の外に立ってこれを審議調査すること。三、行政庁を整理し、行政事務の独立化と能率化を図るとともに地方行政体系の改正、行政官の身分保障が講ぜられること、これである。このうち二については、岡田内閣のときに内閣審議会、内閣調査局として実現された。伝記では、この内閣審議会と内閣調査局について、新日本同盟が以前から議会外に諸政党はもとより各界の有識者を網羅した政策審議組織と調査機能を確立することを一つの目的としており、新日本同盟案は民間組織を意図していたのであるが、岡田内閣の内閣審議会と内閣調査会は、「新日本同盟の官庁版といえるようなものを狙ったとみることができよう」とある（二〇二頁）。この内閣審議会は、岡田首相を会長、高橋蔵相を副会長とし、委員は一五名であった。政党からは民政党と国民同盟は参加したが、政友会は委員を出すことを拒んだ。委員は、斎藤実、山本達雄、水野錬太郎、伊沢多喜男、馬場鍈一、望月圭介、安達謙造、川崎卓吉、青木信光、黒田長和、秋田清、頼母木桂吉、富田幸次郎、各務謙吉、池田成彬であった。

三については、任期制の各省行政長官の設置、同じく任期制の道庁長官の設置、府県知事の公選制、官吏監察委員会の設置などが盛り込まれていた。このうち官吏監察委員会による官吏身分保障の案は、斎藤内閣のもとで文官分限委員会の設置で実現された。これによって官僚の政党に対する優位が確立していった。

国維会自体の活動期間は短かったが、その後の政治体制のあり方に与えた影響力は、小さくはなかった。

「選挙粛正運動」と政党浄化

話を粛正選挙に戻そう。もともと第一次大戦後の経済上の「行き詰まり」は、客観的な内実を備えたものとはいい難かった。しかし、マクロ経済政策の失敗によってもたらされた「昭和恐慌」は、後藤にとって〝予感された危機〟の発現として映ったに違いない。

危機からの脱却に際して、後藤は土木事業費等の散布に一定の効果を認めつつも、農村問題の抜本的解決には不十分であると考え、農村の合理化・自力更生運動を引き継ぎつつ、産業組合を中心とした農村の再組織化を目指す「経済更生計画」を展開した。そこには、たんなる農村の復興を超え、都市と農村の矛盾を止揚した「純化された国家社会」が構想されていた。もちろん、そこでは政党腐敗も排除される。しかし後藤が思い描いた計画は、はたしてその後の日本の議会政治を「更生」させたのであろうか。

もともと国民の選挙への関心を高めて啓蒙することによって選挙にまつわる腐敗を防止しよう

とする考えは早くからあった。後藤が内相として上からの本格的な政党政治刷新を「選挙粛正運動」として展開したのも、新日本同盟結成以来の考えに基づくものであり、実際の行動も展開していた。たとえば、後藤が台湾総督府総務長官時代におこなわれた第一回の普通選挙においては、新日本同盟は中道の立場から候補を擁立していた。「経済更生計画」が地方からの自力更生運動から立案されていったという形を取ったのと同様に、「選挙粛正運動」も最初は「地方からの運動として起こってきた」ものを、上が吸収統合していくという形を作ろうとしたのである。

「選挙粛正（あるいは選挙革正）」が上からの運動として展開されるようになったのは、「綱紀粛正」を掲げ、政府の下に「選挙革正審議会」が作られた浜口内閣のもとでのことであった。斎藤内閣期においても、後藤の地元の大分県では、全国に先駆けて県知事田口易之によって「選挙粛正運動」がおこなわれていた（大分放送大分歴史事典刊行本部編『大分歴史事典』大分放送、一九九〇年、七九三頁）。田口知事は生粋の内務官僚であり、後藤の意を受けた田口が選挙粛正運動を推進したのである。

したがって、後藤内相の下での「選挙粛正運動」の展開は、いくつかの選挙粛正運動を合流したものではあったが、やはり上からの官製運動の性格を備えているといえるであろう。そして、一九三五（昭和一〇）年六月一八日、斎藤実前総理大臣会長とした選挙粛正中央連盟が結成されたのである。理事長は、永田秀次郎、常任理事には堀切善次郎、田沢義鋪が任命された。

次にみる後藤演説（一九三五年七月一三日、選挙粛正大講演会における）は、この選挙粛正中央連盟発会から一カ月ののちのものである。後藤が、どのようにして選挙粛正を実行しようとしたのか。後藤の演説を聴いてみよう。

「我国当今の情勢は、更めて述べる迄もなく、極めて多難な世局に臨んで居る。然し多難なる時に臨めば臨む程、我国民は真剣となるのである。我国民が真剣となる場合の一つの現はれは、多年叫ばれて而も実行の出来なかつた此の選挙界の粛正を、今度は本当に実行するといふ決意を促して来て居ると思ふのである。今年の秋には府県会の総選挙が行はれ、続いて来春には衆議院議員の総選挙が行はれるのである。此の機会に選挙界の浄化に向かつて一大躍進が遂げられるならば、吾々は国家の慶福之に過ぐるものが無いのみならず、明治天皇の御聖旨に初めて副ひ奉ることが出来、之を本当に実行するの実を茲に現はすことが出来るのであろうと思ふ。

政府に於ては曩《さき》に各府県に選挙粛正委員会を設置し、官民協力して選挙界積弊の一掃に関する国民的決意と其の実行とを促進する精神運動の一機構となしたのである。

……

私は、吾々局に当る者の責任としては、其の有らん限りの力を盡して、厳正公平に、真に選挙界粛正の名に愧ぢざる心持を以て進みたいと思ふ。何卒、諸君に於かれても、此の機会に於て我国民の政治上に現す道義的精神の発露を純化して、我国民が政治の上に於ても真に道義的国民たるを愧ぢざる実を挙げることが出来るのだ、之を実行することが出来るのだといふ事実を示されるやうに、盡力を願ひたいと思ふのである」（後藤文夫「選挙粛正を国民に期待す」『斯民』第三〇編第九号、一九三〇年九月一日号）。

政府が各府県ごとに「選挙粛正委員会」を設置したのは、もちろん後藤内相の指揮のもとでの動きであり、この「選挙粛正運動」は、事実上、政党の選挙活動に対する多大な干渉となって現れていくことになる。この演説要旨では、具体的に何をすべきであるかということについては、ほとんど何も述べられていないに等しい。しかし、逆にだからこそ、その粛正の度合いは、はてしなくエスカレートしていく危険性も併せもっていた。

すでにこれまでみてきたとおり、ここにも後藤の言説に特徴的な、道義的精神の発揮とその純化が強調され、かつ「多難なる時に臨めば臨む程、我国民は真剣となる」と、今まさにその道義心の発露が求められていることが述べられていた。

「選挙粛正運動」下での総選挙

一九三六（昭和一一）年一月の第六八回議会休会明け、多数野党であった政友会は岡田内閣不信任案を提出し、政府は一月二一日、議会を解散した。すでに一九三四年六月に、選挙法改正と内務省令の衆議院議員選挙運動取締規則が制定されていたが、これに加えて選挙粛正中央連盟の展開する「選挙粛正運動」のもとでおこなわれた総選挙は、既存政党の選挙活動を著しく制約するものであった。

二月二〇日におこなわれた総選挙の結果は、町田忠治総裁が率いる民政党が二〇五議席、鈴木喜三郎の政友会が一七五議席、昭和会二〇議席、社会大衆党一八議席、国民同盟一五議席、無産諸派四議席、国家主義団体三議席、中立二六議席というものであった。政友会は惨敗であったが、社会大衆党が躍進した。政友会を離脱して結成された床次竹次郎、望月圭介、山崎達之輔らの「昭和会」や、民政党から離脱した安達謙造の国民同盟も岡田内閣支持であった。

さて、この総選挙は、前回の一九三二年二月二〇日から丸四年を経た「任期満了選挙」であったわけだが、考えてみれば、その間、五・一五事件をはじめとして内外に「危機」が山積した時期でもあった。もちろん、それゆえの「挙国一致」斎藤内閣であり、岡田内閣であったわけだが、その間、政党、軍部、官僚、右翼、左翼等々、さまざまな思惑が入り乱れて、日本の政治体制全般の革新が模索されていた。

坂野潤治は、一九三五年五月時点で、これら政治諸勢力が「憲政常道論」を掲げる政友会と「立憲独裁」を標榜する民政党を軸に、しかし、政民両党が連携して議会政治を復活させるという路線を拒絶しながら、「民政党―陸軍統制派―新官僚―社会大衆党」という極（岡田内閣与党グループ）と「政友会―陸軍皇道派―「右傾」勢力」という極に結集していったと述べる。さらに国本社の平沼騏一郎とも提携した後者の政友会グループは、総選挙前の倒閣と政権交替を目指したが、七月の真崎甚三郎教育総監罷免とそれに憤った相沢三郎中佐の永田鉄山軍務局長惨殺事件によって、急速に失速し、二月二〇日の総選挙実施前には、すでに力を失っていたと分析している。「新官僚」後藤文夫は、当然、対立する岡田内閣与党グループに位置づけられている（坂野潤治『近代日本政治史』岩波書店、二〇〇六年、とくに第11~13章を参照）。

さらに坂野は、この時期の「新官僚」の特徴を次のように述べている。

「「新官僚」も、統制派のような二面性を持つグループであった。彼らは、内務省警保局や社会局を中心とする官僚グループで、資本家や地主の労働問題や小作問題に対する無理解を批判する点では「社会主義」的であり、それらの問題を政党や議会を排して官僚の手で解決しようとする点では「国家主義」的であった。官僚の上に「新」がつく所以である。岡田内閣の内務大臣後藤文夫や内閣書記官長の河田烈、内務省社会局長官や協調会常務理事をつとめて労働問題に詳しい吉田茂や、松本学、唐沢俊樹などの警保局関係者が中心人物であった。彼らも官僚の手に国策の立案と遂行を統合するための国策統合機関の樹立を求めていた」（同上、一八〇頁）。

ここで坂野が述べている統制派のような二面性とは、統制派が「一方で非合法手段を排して陸軍の統制を回復し、他方では将来の対ソ戦争や中国本土への侵略のため資本主義の変革による国防国家の建設を目指す集団であった」（同上、一七九頁）ことを指す。また国策統合機関とは、一九三五年五月に設立された内閣審議会（一年で廃止）と内閣調査会を指す。内閣調査会は、のちの企画庁、企画院であり、国家総動員体制の中軸を形成していった。

坂野の「新官僚」の位置づけに関しては、おおむね首肯できるものの、その「新官僚」グループに後藤をどう位置づければ良いのか。これまでみてきた後藤の活動と思想を振り返ってみると、坂野の「新官僚」解釈にそのまま後藤を当てはめるには、若干躊躇を覚える。

たとえば、国家主義的な問題の解決を目指したといっても、後藤が深く関わった「自力更生運動」や「選挙粛正運動」のような「運動」は、あくまでも下からの運動を善導する性格のものであり、結果的に、官製運動に転化していったことは事実として、最初から国家主義的な解決を目指すものではなかったように思われる。細かい定義分けにこだわるわけではないが、後者の主導者は、「新官僚」というよりは「革新官僚」のそれであったのではないだろうか。もちろん、資本主義の発展に「歪み」を見出して、それを「統制」する必要があると考えた点では一致しているが、当時、何らかの修正を加えなければ、資本主義が没落してしまうという観点は、おおむねほとんどの立場の論者に共有されていた。

もう一つは、皇道派との距離である。後藤は、国維会グループの一員であり、国維会には皇道派の荒木をはじめ、皇道派シンパが多く出入りしていた。近衛文麿なども心情的には、皇道派を支持していた（昭和天皇は、東條英機ら統制派の「非合法手段を排して軍を統制する」という一面の支持者であった）。農村の窮乏問題は、まさに皇道派を支持し、荒木貞夫や真崎甚三郎をカリスマ視していた青年将校たちが、もっとも喫緊の課題としていたものであった。後藤が、皇道派へのシンパシーなしに、農村救済を実行していったとは、やはり考えにくい。

しかし、総選挙の結果が出た二月二〇日、皇道派青年将校たちは、岡田内閣与党グループに向けて、まさに暴発寸前だったのである。

2　二・二六事件から翼賛体制へ

二・二六事件

二・二六事件の当日、後藤は渋谷金王町（現在の東急文化会館の裏あたり）の私邸にあった。第一報は、首相官邸からの電話で「いまここに兵隊が来ています。機関銃を向けて家捜しを始めております」と伝えただけで切れた。後藤は、すぐに電話をかけなおしたが、すでに通じていない。警視庁にも電話を入れたが、兵隊に取り囲まれているというだけで、全体像がわからなかった。そこに、内務大臣官邸から「内相は在宅か」と電話があった。治子夫人が機転をきかせて「留守だ」と答えると、後藤は、自分もまた襲撃の対象となっていることを悟り、すぐに家を出て、友人宅に回り、そこから関係各所に連絡を取った。岡田首相生存の第一報が入ったのは午前一〇時頃、また宮中の湯浅倉平宮内大臣との連絡が取れて宮中の無事は確認できたが、各地方の治安情報の収集に手間取り、参内は午後二時を過ぎた頃だったという。

後藤の伝記や聞き取りなどでは、おおむね上のような事件勃発直後の後藤の様子が語られている。しかし、副田義也は、事件当日宮中参内前の後藤の行動について、当時の警視庁特高部長であり、敗戦時には内務大臣を務めていた安倍源基『昭和動乱の真相』（一九七七年）などを引きながら、後藤が自宅に電話が入った後、「そのまま外出して、夕方まで私邸とも官邸ともちがう場所にかくれていて、警視庁にも内務省にも連絡をいれず、おそらく夕方か夜になって宮中に入ったらしい」（副田、前掲、五三三頁）と推測している。確かに、二・二六事件時の後藤の行動については、曖昧な点が多い。事件直後に隠れていたという「不名誉」を隠すため曖昧な口述になったといわれてもやむをえない部分も否定しがたい。しかし、軍が自らの命を狙っている恐怖を想像できないわれわれとしては、後藤の行動に卑怯な点があったとしても、それを強く非難することはできないようにも思う。「政友会―陸軍皇道派―「右傾」勢力」の力を殺ぐための粛正選挙を実施した当事者であればなおさらのことであろう。

いずれにせよ、事件に対処するため開かれた最初の閣議は、岡田首相不在のまま、当日の夕方におこなわれた。このとき後藤は、陸軍から叛乱軍に情報が漏れることを恐れて、岡田首相生存の報を閣僚にも秘して、一番若い自分自身が内閣総理大臣臨時代理となった。斎藤内閣以来の閣僚で最上席の閣僚だったからである。

二・二六事件というと、「戒厳令」が敷かれた事件として、人々の記憶に残っているかもしれないが、これは厳密さを欠く。そもそも「戒厳令」とは、戦争などの非常事態の際に、国家緊急権（非常事態権）に基づき、国民の権利を保障した法律の一部の効力を停止し、行政権・司法権の一部ないし全部を軍隊の機関に委ねることをいう。二・二六事件の際に出された緊急勅令は、「一定ノ地域ニ戒厳令中必要ノ規定ヲ適用スル」という戒厳令の準用であり、「行政戒厳」ともいわれる措置であった。日比谷焼き討ち事件や関東大震災の際の「戒厳令」も、この緊急勅令に基づく「行政戒厳」であった。

しかし、二・二六事件に際しては、陸軍大臣や海軍大臣、あるいは石原莞爾ら陸軍将校がやってきて、後藤に戒厳令施行を要求してきたという。戒厳令を敷けば、今述べたように治安の全権は、戒厳司令官の手に渡り、叛乱軍を穏便に戒厳軍のなかに収拾することができ、結局、軍部によるクーデターが完成することになる。後藤は、このとき、治安も維持されているし、人心も動揺していないと、軍の要求をがんとしてはねつけた。

後藤は、陸軍自身が始末を付けられないならば、海軍に協力してもらうしかないと海軍大臣の決意を促したが、これは皇軍同士が干戈を交えることになると拒否された。鉄道大臣からは、中央線閉鎖要求の相談を受けたが、後藤はこれを拒否した。また早く総辞職して、後継内閣での事態収拾を図るべきだという意見も出されたが、これも後藤は拒絶した。総辞職となれば、皇族内閣か軍部内閣でなければ、事態収拾は無理だということになりかねない。実際、伏見宮博恭王や東久邇宮稔彦王を推す声もあった。叛乱軍側は真崎大将を総理大臣に担ごうとしているという噂も上ってきたという。しかし、こうした曲折を経て、閣議が「クーデターを認めない」空気で固まってきたのが二六日の深夜で、上に述べた緊急勅令が二七日付で発令されたのである。

事件の際、昭和天皇が断固たる意志を表明したことは、すでに周知のことであろうから、ここでは繰り返す必要もないのかもしれないが、後藤による天皇の印象を引用しておこう。

「陛下には何回もお目にかかって、情勢をくわしく言上しておりました。あの時分の陛下の御態度は実にしっかりされておりました。あの始末がついたのは陛下が少しも動揺なさらず、もう断乎として、陛下は御自分が大元帥でおられるのに、陸軍があんなことをやったのは、実に怪しからんことだ……《ママ》あんまり激しいお言葉ではおっしゃらないけれども、お胸の中では非常に憤慨しておいでになったように思うのです。そして一時も早く、あれの始末をしろという御態度でおいでになったのです。あの始末があんなにできたのは、まったく陛下の御態度にあったと思います。侍従武官長とか、いろんな人がおられるんですが、陛下の御態度に何も御動揺がないものですから、陸軍の方に妙な空気は流れなかったのです」（二二四〜二二五頁）。

岡田首相の救出は、後藤の秘書官であった橋本清之助が憲兵隊を通じて陸軍と叛乱軍の情報を聞き出し、それを後藤に報告しつつ、「遺体」を棺桶に入れて運び出すのに岡田を変装させて紛れ込ませ、極秘裏に遂行された。

しかし、陸軍の態度が固まったのは翌日の二八日になってからで、ここではじめて蹶起将校たちは「叛乱軍」として討伐の対象となったのである。有名な「兵に告ぐ」の布告が、ラジオ放送とビラなどによって呼びかけられ、叛乱軍はようやく原隊に復帰した。

岡田首相が、閣僚の辞表をとりまとめて総辞職をしたのは、二八日の夕刻のことであった。

近衛「新体制運動」

二・二六事件勃発当時の治安責任者であった後藤文夫は、以後、政治の表舞台から退くことになった。後藤が事件当日に行方をくらましたことに対する非難も一部にはあったという。伝記は、広田内閣の陸軍・海軍大臣現役武官制の復活以後、軍部の政治への影響力はますます増大していったから、二・二六事件の際に軍部の介入に抵抗した後藤の入閣が、陸軍に疎まれたことも理由の一つとして挙げている。

したがって後藤は、二・二六事件以後は、閣外にあって新しい政治体制立ち上げへ専心することになる。いわゆる「新体制運動」がそれである。もともと後藤らによって組織された新日本同盟の目的は、既成政党による党弊打破と国内政治革新を目指したものであったので、その意味で、後藤が「新体制運動」に積極的にコミットしたこと自体は、何の不思議もなかった。近衛文麿を盟主とする第三党を結成し、これによって国内政治を一新しようとする新体制への模索は、すでに大正期からはじまっていたともいえよう。

見方を変えていえば、一九三五（昭和一〇）年当時の「選挙粛正運動」は、新体制への地ならし的な意味合いをもつものでもあった。一九三六年の総選挙では、社会大衆党などの勢力も躍進し、その意図するところの一部は実現していた。しかし、軍部の力が増大するなかで、国民運動を組織して政治勢力を結集し、新体制を構築しようという方向性は、かえって戦争という目的遂行のための動員を助長することとなっていった。

一九三七年六月四日、近衛文麿が世間の期待を背負って政権の座についたその一カ月後の七月七日に盧溝橋事件がおき日中戦争が開始された。近衛は不拡大方針にもかかわらず、軍の南京攻略からの「ビスマルク的転換」を果たせず、日中和平の道は遠のいた。後藤も関係していた昭和研究会では、なお南京陥落後の日中和平の道の研究を重ねられていたが、一九三八年一月一六日、突如政府から「爾後国民政府を対手とせず」の声明が出され、一切の望みは吹き飛んでしまったと回想されている（酒井三郎、前掲、九四頁）。

その後、一九四〇年七月の第二次近衛内閣成立の直前六月二四日に出された「新体制声明」においても、それまで後藤らが目指した「新体制」とは異なる形のものであった。結局のところそれは、「新体制運動」を梃子に国内政治体制の改革を図り、泥沼化する日中戦争の早期解決を図ろうとする当初の意図とは異なり、総動員体制を国民レベルから支えるだけの官製の翼賛運動へと変質化させるものであった。

近衛新体制声明が出てしまったとき、後藤もまた「近衛公が出てくる前に新体制運動というものを、相当国民の間に浸透させて、新しい基盤に立った新しい組織を作らねばいかんというのが、私どもの考えでした。というのは、近衛公が政権をとって出てきてからだったら、政党なり新しい組織を作るというのは非常に具合が悪い。またその関係団体を作るような印象を与えるわけですね。しかし結局、近衛内閣ができてから大政翼賛会ができたのです」（二四一頁）と述べている。

近衛が政権を取ってのちに新政治体制を作れば、それは官制政治団体となり、国民のなかから盛り上がってきたような力をもてない。後藤文夫も、後藤隆之助も、国民組織を先に作ってから近衛に政権を取らせたいという考えであった。近衛もこれを承知の上で、野に下り国民運動に乗り出す決意をしていたと考えてよいであろうが、十分に国民運動の体制ができあがる前に、声明を出してしまった。もちろん、そうしたほうが国民のあいだに近衛を支持する動きが広がり、一挙に「新体制運動」が盛り上がるという局面が出てくる。しかし、同時に各政治勢力が、「バスに乗り遅れるな」ということで、一斉に近衛傘下に入ろうとしたのは、「近衛側にとっては有難迷惑の話であった。新党を結成するにしても、既成政党を寄せ集めたものを作るという考えは毛頭なかったからである」（二四二頁）。

さらにこの「新体制運動」のつまずきとなったのは、第一次近衛内閣が総辞職してから、平沼騏一郎内閣が約八カ月、阿部信行内閣がわずか四カ月、そして米内光政内閣が六カ月と次々に内閣が代わり、第二次近衛内閣の組閣が予定より早まったことであった。

米内内閣が早々に退陣して第二次近衛内閣が誕生した背後には、ヨーロッパにおけるドイツ軍の動向とそれに呼応する陸軍の動きとがあった。一九四〇年五月、ナチス・ドイツは、電撃戦を成功させ、またたくまにパリに無血入城した。中国戦線で膠着状態に陥っていた日本陸軍は、ヨーロッパでのドイツの勝利によって、早期に南方の資源を押さえにかかることへと方針を大きく転換する。独伊提携によって南進を進めていくためには、ドイツとの提携に断固反対していた米内内閣では不都合であったからである。

陸軍は、一九四〇年六月二四日に枢密院議長を辞任して、「新体制運動」を起こす声明を出していた近衛を利用するため、米内に日独伊三国同盟の締結を要求し、米内がこれを拒否すると、畑俊六陸軍大臣を辞任させて後継陸相を出さず、米内内閣を総辞職に追い込んだ。

近衛は組閣直前の七月一九日、荻窪の別宅荻外荘に陸海軍大臣予定者の東條英機陸軍中将、吉田善吾海軍中将、そして松岡洋右を招いた。後藤文夫もその席上にあった。松岡は、外交における自らのリーダーシップの確保を強く要求、近衛も了承したという。翌八月には、やがて大きく日本の運命を転換する三国同盟が締結された。

大政翼賛会の成立とその変質

米内内閣がこのように早期に退陣し、近衛の組閣が早まったため、「新体制運動」は大政翼賛会という官制組織に変貌した。大政翼賛会の設立につき、政府はまず新体制準備会を設立したが、その委員は左右取り混ぜた「呉越同舟」的なものであり、後藤らが構想した同志的な結束は望むべくもないものであった。

近衛ブレーンの昭和研究会メンバーは、日中戦争の早期解決を目指した国民運動組織形成を目指していたのであるが、この総花的な翼賛組織は、政治結社としてのまとまりをもてないものであった。近衛が、この大政翼賛会発会に際して、綱領を発表しなかったのも、「しなかった」のではなく、「できなかった」のである。

結局、大政翼賛会は「職域奉公、臣道実践」のスローガンを採択したのみで、一九四〇（昭和一五）年一〇月一二日、四局体制で発足した。近衛総裁以下の主要役員は、事務総長有馬頼寧、組織局長後藤隆之助、政策局長太田正孝、企画局長小畑忠良、議会局長前田米蔵、そして中央協力会議議長末次信正であった。

後藤文夫が主要ポストに入っていないのは、二・二六事件以来軍部に評判が悪く、軍部に人気がない人物は、当時、国民にも人気がなかったせいもあると伝記は指摘している（二四八頁）。一方、有馬は近衛の親友であり、革新的な公家として国民の人気もあった。後藤とも金鶏学院人脈で知りあい、後藤の農相時代には、政務次官を務め、農林中央金庫の初代総裁に就任した関係もあって、後藤には近しい関係の人物であった。また組織局長には昭和研究会の後藤隆之助が就任したが、当初、近衛はこの人事に積極的ではなかった。しかし、後藤隆之助は青年団を「卒業」した人々を中心に壮年団（のち、翼賛壮年団）を組織し、国民大衆組織の結成を構想していたため、後藤文夫の推薦によりこの人事となった。後藤文夫自身は、常任総務という地位に名前を連ねたのみであった。

このようにして、官製運動の主体としての大政翼賛会がスタートしたわけであるが、政党の自主的解党と翼賛会への参集によってできあがったこの組織は、発足当初から、初期の新体制構想や意図とは違ったものであった。

また、さまざまな諸勢力を結集しつつも、「首相を総裁とする一党独裁による幕府政治」という批判に耐えきれず、大政翼賛会は発会からわずか半年後にその性格を大きく変更せざるをえなくなった。一九四一年、平沼内相が大政翼賛会は、政治結社ではなく、衛生組合と同じような「公事結社」であると議会で発言し、三月には有馬事務総長以下中央本部の役員がすべて辞職した。さらに四月には、政策、企画、議会の三局を廃止し、新たに東亜局と中央訓練所が設置され、事務総長には石渡壮太郎、組織局長には狭間茂がそれぞれ就任した。すでに誕生時点から、初期構想とは大きく異なる形でスタートしていた組織であったが、この改組によって強力な政治力をもつ国民組織の構想は完全に潰えることになったのである。

政治組織として存在することを許されず、敗戦直前に至るまで曖昧な存在である「公事結社」として止めおかれた大政翼賛会とは、はたして何であったのであろうか。

伝記は、大政翼賛会による選挙干渉のなかでも帝国議会の議員が選出され、軍部が事実上の政治権力を一手に握ったさなかにあっても、まがりなりにも憲法が機能し、そして議会が存続したことを評価している。確かに、それがファシズム国家や共産主義国家のように他政党の存在を認めずに、権力の一党独裁を実現したあり方とは異なる組織であった。しかし、それでも総力戦を遂行していくためには、強力な国内統一組織が必要とされた。大政翼賛会は軍事と政治を一手に掌握する「新体制」を構築する有力な政治結社には成り得なかったが、戦争遂行目的に国民を総動員する組織としての機能を担わされていったことは紛れもない事実であった。

3　戦時下の行動

日米開戦

一九四一（昭和一六）年四月、近衛は、アメリカを仲介として重慶政府と和平交渉をおこなうことを企図していた。かなり譲歩をしても中国大陸から全面撤退させる考えであったという。野村吉三郎駐米大使とコーデル・ハル国務長官との会談は、この線によって進められ、ルーズベルト大統領との会談もほぼ了解されるところまで進行していた。しかし、日ソ中立条約をスターリンと締結して帰国した松岡洋右は、この日米交渉に真っ向から反対した。

さらに六月二二日、ドイツ軍はバルバロッサ作戦によってソ連に侵攻し、これが日本の外交方針にも大きな影響を与えた。ドイツのソ連侵攻を契機に南部仏印進駐を陸海軍ともに強行に主張したのである。「日独伊三国同盟」下にあった日本が、ドイツの軍事力を過大視していたことはあきらかであろう。

もちろん、日本の南方進出は、対米英戦争を誘発する。一方で対米交渉を続けながら、他方で南進をおこなうことは、日本の国際的信用を損なうものであった。近衛の対米交渉継続は、そもそも軍部を押さえることができなければ、実現が不可能である。松岡が対米強硬策を主張せずにいたとしても、近衛の対米交渉はしょせん絵に描いた餅でしかなかった。しかし、近衛は松岡外相を更迭するために、総辞職し、七月一八日第三次近衛内閣を組閣する。外相は、豊田貞次郎海軍大将が選ばれた。

豊田は第二次近衛内閣で商工相を務めていたこともあり、南進には反対であり、対米国交調整を望んでいた。近衛は海軍の穏健派を背景として、対米交渉を進めるつもりであったが、軍の南部仏印進駐を阻止することはできなかった。

ハル国務長官は、野村駐米大使を通じて、南部仏印進駐となれば、日米交渉は継続不可であると伝えてきた。そして、七月二五日には在米日本資産の凍結、二八日、南部仏印進駐、八月一日、アメリカの対日禁輸措置、ともはや日米開戦は避けられない見通しとなり、九月六日の御前会議により、「帝国国策遂行要領」が決定され、対米開戦が決意されたのである。

近衛は、しかし、ルーズベルトとの直接会談に未だ望みをつないでいた。命をも賭して、日米会談を成功させるつもりであったという。

そのさなか、後藤文夫に伊沢多喜男から近衛が会いたがっている旨を伝える電話があった。九月二八日、鎌倉山の別荘に伊沢とともに近衛を訪ねた後藤に、近衛は、日米交渉の経過を語り、可能性のあると思われる交渉案の綴りを示し、首脳会談がおこなわれた場合の同行を求め、近衛は「生命のことも考えないし、たとえ売国奴の汚名をきせらてもかまわない」と非常な熱意を披瀝し、後藤もまた「これができれば日米戦争はさけられる。それが日本を救う道だ。これだけのことをやるのだから一人や二人殺されても止むを得ない。喜んで同行する」と近衛を激励したという（二五四頁）。

しかし、日米交渉はならず、一〇月一六日失意の近衛は、そのまま政権を投げ出してしまった。次の大命は、「毒をもって毒を制する」という考えから東條英機に降下したのである。

翼賛選挙

後藤が目指してきた新しい国民運動に支えられるはずの新体制は、諸政党の解体と翼賛体制をもたらした。この翼賛体制のもと、大日本帝国憲法下の最後の総選挙が、一九四二（昭和一七）年四月三〇日に実施された。本来であれば、前年に解散総選挙となるはずであった衆議院議員の任期が、「衆議院議員任期延長ニ関スル法律」によって、一年間延長された結果である。

しかし、政党が解体されたあとの総選挙で立候補者をどうするのか。伝記は、内務次官の湯沢三千男[3]と橋本清之助が一九四二年一月に会見し、大政翼賛会を基礎にして、新しい組織を作り、候補者を推薦するという形を取る方向で調整することとなったと伝えている。

大政翼賛会は、公事結社であるから直接政治にはタッチできない。しかし、翼賛会が呼びかけて候補者推薦団体を作ることはできるというのが、橋本の構想であり、こうした推薦選挙方式による選挙は、一九三七年以来、四〇の地方都市ではすでにおこなわれていた。政党腐敗による地方選挙の浄化を目的に導入された方式であったが、こうした構想は早くから新日本同盟のなかでも検討されていたものであった。具体的には、第一段階として首相が大政翼賛会総裁としての資格で各界の有力者を招き、その人たちに候補者推薦母体を組織することを依頼する。その要請を受けて、集まった人たちは政府関係者抜きで相談をし、推薦母体を結成する。第二の段階として各道府県知事は大政翼賛会支部長の資格で、地元各界の有力者を招き、中央の候補者推薦組織の支部結成を依頼し、中央と同様の方法で即日支部を結成するというのが、橋本草案の骨子であった（二六三～二六四頁）。橋本はこれを伊沢と後藤に見せて了解を得、内務省関係者との調整をおこなった。かくしてこの橋本構想をもとにして一九四二年二月二三日、元首相の阿部信行を会長に戴いた翼賛政治体制協議会が結成された。協議会は、後藤をはじめ各界から二二名の有力者を選び、そこで候補者銓衡委員会を組織し、四六六名の候補者を決定した。これに対して中野正剛の東方会、その他の右翼政党の立候補者や非推薦の立候補者などは、五五一名に達した。こうして日本で最初の推薦選挙は、四月三〇日に投票がおこなわれたのである。

結局、この選挙では翼賛推薦候補が三八一名当選し、非推薦の当選は八五名であった。後藤も橋本も、このような「大勝」は予想も期待もしていなかった。ナチスのような一国一党体制は望ましくないと考えていたからである。しかし、現実には官憲の選挙干渉がおこなわれ、翼賛推薦候補者に有利な状況が作り出されていた。この選挙干渉に対して、伊沢多喜男はかなり激しく橋本を叱責したらしいが、橋本や後藤の側からすれば、内務省警保局の選挙干渉に、もはや口を出せる立場になかった。

選挙終了後、政府は議会内与党勢力としての政治組織作りを各界代表者に要請した。すぐに翼賛政治結集準備会が作られ、組織や規約を制定するための特別委員が選定され、後藤はその委員長になった。この委員会で協議の結果、誕生したのが五月二〇日の翼賛政治会であった。

この翼賛政治会結成の過程で、東條内閣はそれ以外の政治結社を認めない方針を決めたため、衆議院の各会派はいずれも解散し、八名を除くすべての所属議員は翼賛政治会に参加した。後藤や橋本が構想した推薦選挙の方式による運動は、一国一党的な政治体制の構築を目指したものではなかったが、結果として戦争遂行の名のもとに、民主主義的議会政治を形骸化させてしまった。

しかし、議会政治の完全な否定による独裁政治が出現することを、形式的にではあれこの翼賛政治体制が防いだと評価することもできる。伝記は、「たとえ四年間でも、完全に議会政治の形体すら止めなかったとしたら、戦後の政治建て直しは、一層の混乱に陥り、困難であったであろうと思われる」（二七一頁）と述べている。翼賛政治であっても、議会制は議会制だ、という論理である。

しかし、形骸化した形ではあっても議会政治を保とうとした意図は、天皇に直接政治責任を負わせないための巧妙な仕掛けであったということもできよう。天皇親政による戦争遂行ということなれば、東京裁判で絞首台にのぼることになったのは、東條ではなかったかもしれない。天皇に累を及ぼさないような巧妙な「翼賛政治」が選択されたことは、「天皇の官吏」たる後藤らのほとんど無意識の防御反応であったのではないだろうか。

日本の敗戦と「新官僚」の挫折

一九四二（昭和一七）年六月、東條内閣は、大政翼賛会の第二次改組をおこない、行政各庁の主管していた産業報国会、農業報国会、商業報国会などの国民運動の事務全般を大政翼賛会に移管した。さらに選挙粛正、貯蓄奨励、物資節約などの国民運動も大政翼賛会の所管とされた。このため大政翼賛会は、五局一九部と機構拡大され、それにともない戦争遂行のための準行政機関的な役割を果たしていくことになる。

この第二次改組によって、後藤は事務総長に就任し、後藤事務総長のもとに総務局長を小平権一、錬成局長を石黒英彦、実践局長を相川勝六、興亜局長を永井柳太郎、調査局長を鹿島守之助が務めた。

後藤は、その後一九四三年四月、大政翼賛会副総裁に就任し、翌五月東條内閣無任所大臣に就任する。このとき、後藤は事務総長に丸山鶴吉をあてた。丸山事務総長のもとで、大政翼賛会は、第三次改組をおこない、機構を簡素化し、実践運動の重視を方針とした。さらにその後、丸山が東北地方行政協議会長に親任され、宮城県知事に赴任すると、後任には住友出身で、企画院次長を務めた小畑忠良がついた(4)。小畑は、とくに経済方面での国民運動に力を注いだ。

しかし戦局は、すでにこのとき敗色を濃くしていた。後藤が一九四三年五月に大臣になったときには、すでに連合艦隊総司令官の山本五十六はフィリピン沖で戦死し、アッツ島玉砕、アリューシャン玉砕、と日本軍は連戦連敗状態であった。

一九四四年二月、東條は首相と陸相、軍需相を兼任、参謀総長も兼ね、政治軍事の権力を集中させて総力戦体制を遂行しようとしたが、七月一七日は国内の支持を失い、総辞職を余儀なくされた。後藤も、国務大臣、大政翼賛会副総裁を辞して野に下った。

戦後、後藤は昵懇であった松岡洋右の外交方針を曲げさせる努力をすべきであったと後悔している。また伝記は、後藤が「政局に指導的場面を創造したり工作したりすることは、不得手でもあり、かつまたそういう動きをする気持ちもない型の政治家である。したがってその掌に当たらない限り、口出しや手出しはおろか、批判すらやらずに静まっている」（二五六頁）と、後藤の性格を盾に、「戦争責任」を回避する弁明をおこなっている。しかし、後藤が「待ちの政治家」であったとして、この日米開戦前後における後藤を免罪することは適切ではないであろう。政党政治を斥けて、挙国一致内閣の舵を取った後藤の実績からいえば、政治家としての後藤に対する過小評価ともなりかねない。もし、後藤が「口出しや手出しはおろか、批判すらやらずに静まってい」たとするならば、それは当時の「新官僚」の国家構想が、現実の政治を動かすことができなかったからにほかならないのである。

この点、「歴史と国と自己とを同一化させ、自らが新しい歴史にたちあうとの自己イメージ」を形成しえたかどうかが、この時期の政局のイニシアティブを握る鍵であったと喝破する加藤陽子の指摘は傾聴に値する。加藤は、「明治維新によって、近代日本の繁栄が築かれたとの歴史観は、統帥部のみならず中国文学者たる竹内好にも国民にも共有さていた。そのような歴史観が前提となっている社会にあって、まずは、既成政党が私的利害を代表するものとして斥けられ、ついで、国民組織による軍事と政治の一体化を目指した近衛新体制運動が幕府として斥けられた。歴史と国と自己とを同一化させ、自らが新しい歴史にたちあうとの自己イメージをもつ者に、もっとも近く寄り添っていたものが軍の歴史認識であったということ、この点が重要であろう」（半藤一利・中西輝政・福田和也・保阪正康・戸高一成・加藤陽子『あの戦争になぜ負けたのか』文春新書、二〇〇六年、二六七頁）という。

後藤らが構想した自己イメージは、下からの国民運動を基盤としつつ、それを官僚が中心となった政治指導体制によって統制していこうとするものであった。それは私的な利害を代表する政党や財界を退けることに成功したが、「新体制」そのものは「幕府」的な動きとして退けられたのであった。

注

（1）昭和初期の政界を揺るがした大疑獄事件。「昭和金融恐慌」時に倒産した鈴木商店は、当時三井物産や三菱商事と肩を並べる大商社であった。その鈴木商店の系列であった帝国人造絹糸の株は、鈴木商店の倒産後、担保として台湾銀行に入っていたが、その買い戻しを仲介した財界グループ「番町会」が、昭和恐慌後の好景気にともなう人造絹糸ブームのなかで利鞘を稼ぎ出したことがことの発端であった。

一九三四年一月から三月まで武藤山治社長の『時事新報』は、これを政財界への贈収賄事件と見て、「番町会を暴く」というキャンペーンを開始した。検察当局も、同年四月から台湾銀行頭取の島田茂、買受団代表の河合良成、大蔵省次官の黒田英雄などを逮捕した。時の斎藤実内閣は、中島久万吉商工相、三土忠造鉄道相らへの波及は必至と見て七月に総辞職したが、中島は逮捕され、三土も偽証罪に問われた。

政財官界で総勢一六名の逮捕者を出し、内閣をも瓦解させたこの事件だったが、結局は三七年の公判で全員無罪となった。当時から検察による過酷な取り調べが問題視され、「検察ファッショ」と呼ばれた。またこの騒動の裏には検事総長・大審院長などを歴任し、司法界に勢力を持っていた平沼騏一郎（当時、枢密院副議長）が、枢密院議長への就任を斎藤によって阻まれたがゆえの「怨恨」があったといわれている。

（2）飯沢匡は、「伊沢氏は、新官僚としても国維会との関係は深かったのでしょうか」と問われて「父は大嫌いでした。後藤文夫が国維会に入ったのを非常に怒ったのを見ました。国維会の雑誌は送られてきていたので見ていましたけれど、いわゆる経書ですね。四書五経の解釈なども出ていました。うすいパンフレットみたいなものですよ」と答えている（飯沢、前掲、一〇頁）。もっとも先の新聞記事には「国維会」メンバーとして伊沢多喜男も写真入りで載せられている。機関誌が送られてきていたのだから、伊沢も名前ぐらいは貸していたのかもしれない。

（3）内相は首相の東條が兼任していたため、湯沢が実質上の内相であった。

（4）住友系企業において、田沢らも積極的に関わった修養団運動が活発であったことが指摘されている（木下順、前掲、三九～四五頁）。

第8章　戦後日本における政党政治批判、国土開発、青年教育

1　政界への復帰

巣鴨プリズン

一九四五（昭和二〇）年一二月、後藤はＧＨＱによってＡ級戦犯容疑者に指定され、巣鴨拘置所に拘置された。容疑は、警保局長、内務大臣として国内の警察権力のトップにあったことと、大政翼賛会の主要事務ポストを歴任し、総動員体制を指揮したことであった。以後、後藤は、三年もの間、巣鴨に暮らすこととなった。

その間、後藤はもっぱら洋書、新聞、雑誌などを読み、アメリカの情報を収集したという。かつてヨーロッパに留学した経験のある後藤は、その後、実務では英語を使うことがなかったが、

相当程度の語学力はあったらしい。

後藤の関心は、とくにアメリカの農業経営に対して向けられていた。大規模農業を中心とするアメリカの農家にも、小規模の農家経営が成り立っていることを知り、戦後日本の農業復興にそうしたアメリカの事例が役立つと考えたからであろう。

戦争で荒廃した国土を立て直すには、まずもって農業の復興が図られねばならないという、後藤の年来の信念があったのかもしれない。戦後、後藤は、聞き取り調査などに応じた際に、繰返し農村の復興とその未来について語っている。また郷土大分の発展という目的から、さまざまな郷土関連の役職にも応じている。あるいは戦時中、食糧難にあえぎつつ、何といっても国民が食えない状態だけは避けねばならないと、当時の多くの日本人がそう感じたように、後藤もまた食糧生産の確保と農業の保護は絶対に必要であると感じたのかもしれない。

もう一つ、巣鴨プリズン時代に、戦後の世のなかにおいては、原子力の平和利用が希求されねばならないことを痛感し、橋本清之助にもそのことを力説したという。橋本は、一九五一年に日本発送電株式会社が解体され、その最後の総裁であった小坂順造が財団法人電力経済研究所を創設した際に、小坂から常務理事就任を要請され、その職に就いた。橋本は、後藤からの話を忘れずに、電力経済研究所のなかに原子力平和利用調査会を設置し、日本ではじめて本格的な原子力利用に関する調査研究をはじめたという。一九五五年には、この調査会は、社団法人日本原子力産業会議に統合されたが、後藤は、この会議の顧問に就任している。広島・長崎の原爆の惨禍がまだ生々しい当時において、その平和利用に関する研究をいち早く開始すべきであるとした慧眼は、もっと評価されても良いのかもしれない。

政界復帰と参院緑風会

後藤が、巣鴨拘置所から釈放されたのは、一九四八（昭和二三）年一二月のことである。このとき、後藤はすでに六四歳になっていた。戦犯容疑者は釈放されたのちも数年間、公職追放によって活動できない状態が続いていた。後藤の追放解除は、一九五二年三月二五日のことであり、逮捕から実に六年三カ月が経っていた。かつては最年少の農林大臣として政界にデビューした後藤も、齢すでに六八歳となっていた。

年齢からいえば、もうそのまま引退してもおかしくない年である。たとえば、同じくA級戦犯となって逮捕され公職追放を受けながらも政界に復帰し、総理大臣も務めた岸信介は一八九六年生まれで、後藤よりもちょうど一回り年下である。もっとも後藤は、石橋湛山と同じ一八八四年生まれであり、湛山が岸の前の首相を務めたことから考えても、後藤の政界復帰は、無謀な話ではなかった。また中学時代の水練や地方官時代に入営した軍隊での訓練によって体が鍛えられていたことも、その政治生命を長く保った原因であろう。とにかく後藤は、健康には自信があったらしい。実際、後藤は追放解除の翌一九五三年四月の第三回参院選に、地元大分地方区から保守系無所属（自由党・改進党両党推薦）として立候補し、当選を果たした。

その後、後藤には自由党総裁の吉田茂からそれ相応のポストを用意しての入党の誘いを受けている。後藤夫人の甥に当たる麻生太賀吉に、吉田茂の娘・和子が嫁いでいた関係もあって、後藤と吉田茂は、戦前から懇意にしていたためであった。

しかし、後藤はこれを断った。参院議員が、衆議院と同じ政党に所属することになれば、二院制の意味がなくなるというのが、後藤の考えであったからである。戦前に勅撰議員として貴族院に籍を置いていたときも、伊沢多喜男の同成会には加わらず、一貫して無所属クラブに属していた。

その後藤も、志を同じくする参院院内の最大会派である緑風会に、かつて農相時代にともに「経済更生計画」を実行した石黒忠篤の誘いを受けて、入会している。一九五四年一月のことである。もともと緑風会は、山本有三が、第一回の参院選で当選した際に、昭和研究会で友人の後藤隆之助に、「一人では政治はできない」といわれて作ったものである。(1) そうした意味でも、緑風会との縁はもともとあったといえよう。当時の緑風会には、旧華族を中心とした貴族院議員からのスライド組や後藤のような官僚出身者、文化人などがいた。

政党政治の批判者として

緑風会内での後藤は、その豊富な経験と見識でもって、重要な役職を歴任した。一九五四(昭和二九)年五月には、総務委員会座長に選出され、さらに議員総会議長、会務委員会座長、政務調査会長などに就任した。

後藤が、参院議員として緑風会にあった一九五四年からの五年間は、吉田茂の長期政権の末期から保守合同の「五五年体制」スタートを経て、岸内閣までの時期に当たる。衆議院での自民党対社会党の構図が参院にもおよび、その政党化が進行していった時期でもある。衆参二院制が、どのような形で根づくかは、戦後の日本の政治体制を考える上でも非常に重要なポイントの一つであると考えられるが、この五〇年代後半の「政治の季節」は、参院を「良識の府」に止めておくことはできなかった。

それでも、後藤がこの時期に、いくつかの重要な法案をめぐって、参院の不偏不党的立場を強調しつつ、是々非々で議会政治の正常化を図ろうとしたことは重要であろう。

たとえば、一九五四年四月、吉田政権の末期、造船疑獄事件をめぐって自由党幹事長の佐藤栄作が逮捕されそうになった際、犬養健法相が指揮権を発動、翌日、法相辞任という事件が起こった。緑風会は、政府のこの強権発動を厳しく弾劾し、警告決議案を上程可決した。

また同年の国会に提出された教育二法案（「義務教育諸学校における教育の政治的中立の確保に関する臨時措置法」および「教育公務員特例法の一部を改正する法律」）をめぐって、日教組の反対運動などにより、国会審議が紛糾した際に、後藤は、自由、改進、社会両派の説得をおこない、各会派一致で修正案を通過させることに成功した。改進党は、旧民政党の大麻唯男、松村謙三など、後藤に近しい人物が中心となっており、後藤の調整が奏功した部分もあるであろう。

さらに新警察法（国家地方警察の廃止と警察庁設置、都道府県警察の中央集権化）制定に際して、国会は大混乱を来たし、議場内にはじめて警察官の立ち入りがおこなわれて、憲政史上の汚点を残したが、この際にも緑風会は、暴力否定、議会制度擁護の声明を出すとともに、自由・社会両党の間に立って正常化のために尽力した。

一九五六年の第二四国会では、小選挙区法案、新教育委員会法案をめぐって、今度は参議院が大混乱に陥り、議長要請によって警官五〇〇人が出動するという不祥事が起こった。緑風会は、自民・社会両党に警告を発するとともに、再び声明を出して参議院の正常化のために尽力したが、後藤は暴力絶対反対の立場から、自ら暴力議員の告発をおこなった（三〇四頁）。

しかし、保革二大政党時代の余波は、参議院にも及び、次第に政党化していかざるをえなかった。後藤は、一九五九年、再び参院選挙に立候補したが、惜敗してしまった。翌一九六〇年には、後藤の同志的存在だった石黒忠篤も病死し、一つの時代が終わりを告げつつあった。

その後、緑風会は、一九六〇年に参議院同志会に改称したり、「無所属クラブ」と合同して第二院クラブと改称したりしたが、その勢力退潮は覆いがたく、一九六五年の通常選挙には候補者が出ず、そのまま自然消滅の形で解散したのである。

2　国土開発と地方青年への期待

奥地産業道路開発

一九五三（昭和二八）年六月、後藤は、石黒忠篤、緒方竹虎、渋沢敬三などに呼びかけ、産業道路開発協会を設立し、その初代会長となった。昭和研究会などですでに国土開発計画に多大な関心を寄せていた後藤は、戦後の日本で資源開発をおこない、それを産業発展に結び付けるためには、是非とも道路、しかも国土の七〇％を占める山間僻地への道路建設が必要であると考えたからである。(2) 田中角栄が、日本列島改造論を発表する二〇年近くも前の話である。この産業道路開発協会のメンバーは、いずれも手弁当で全国各地の林道、開拓道路、市町村道などを訪ねて回り、未開発地域の開発幹線道路の青写真を引くことに没頭したという（三六九頁）。

すでに国土総合開発法（二〇〇五〔平成一七〕年に国土形成計画法に改正・改称）が、一九五〇年に制定・施行されていたが、ここで指定された特定地域に関係する市町村や、青森、岩手、熊本、そして後藤の地元の大分の各県知事にも呼びかけをおこなうとともに、政府や国会にも働きかけをおこなった。結果、一九六四年の第四六国会で「奥地等における産業の総合的な開発の基盤となるべき奥地等産業開発道路の整備を促進することにより、地域格差の是正に資するとともに、民生の向上と国民経済の発展に寄与することを目的」（第一条）とした「奥地等産業開発道路整備臨時措置法」が制定された（二〇〇三年三月三一日廃止）。

ところで、当時の法案審議の過程で、衆議院の建設委員会において産業道路開発協会につき次のようなやり取りがあった。議事録から示してみよう（第四六回国会建設委員会第三三号　昭和三九年五月二九日　金曜日　午前一〇時三九分開議）。

○瀬戸山三男議員「実は、私も［産業開発道路協会の］実体と言われるとよくわからないのです。ただ、日本の産業と申しますか、特に山村地帯の産業あるいは山村地帯の国民の状態、こういうものについて非常に心配をされて、長い間研究をされたほんとうの学識経験者がおられるわけであります。……そういう人々が、あるいは山を歩き、あるいは海岸を歩きして、つぶさに日本の実情を検討されて、やはり道路というものは先行すべきものだ。こういうことを十年以来唱道されて、そして各県にも呼びかけられてきておるという事実は承知いたしております。その中には、あるいは森林の専門家もおられるし、あるいは道路の専門家もおられる、いろいろな学者もおられるわけでありますが、私はこれは何と申しますか、非常に奇特な人であると思います」。

○尾之内（由紀夫）政府委員「私も、数年来この協会の方々と接触いたしております。いま瀬戸山先生のお話のような協会でございまして、きわめて熱心な方々のお集まりでございます。従来は、こういう特別な法律を出さないで、その協会の方々の熱心さによりまして、一歩一歩こういう開発道路をやっていくという、どちらかというときわめて穏やかな運動をされております。何ぶん道路も急速に伸びておりますので、いま瀬戸山先生がおっしゃったような、何か特別に制度化したい、二、三年来こういう御意向がまとまりまして、ようやくこういう御提案になったように拝聴いたしております」。

上の両委員の発言などからもわかるように、産業道路開発協会の働きかけ自体は、強いものではなかった。しかし、ときあたかも高度成長のまっただなかである。同年にはアジアで最初の夏季オリンピック大会が東京で開催され、日本中が戦後復興の到達点を実感していたが、その一方で太平洋ベルト地帯を中心とした臨海地域の開発から取り残された東北や北陸、山陰地方などの「後進地域」の開発が求められていたことが、後藤らの提案が受け入れられる素地を作っていたといえよう。

この法律によって指定された「奥地」とは、森林資源が豊富に存し、かつ、その開発が十分におこなわれていない地域、酪農および肉用牛生産の振興が見込まれる集約酪農地域、農用地としての開発および整備が必要とされる相当規模の開拓適地、地下資源が豊富に存し、かつ、その開発の効果が期待される地域、水産物の集散地としての発展が予想される地域などが主であった。工業適地で、未開発の地域も含まれてはいたが、その主たる目的が、農山漁村の資源開発を目的としたものであり、工業との格差が広がるなか、農林水産業においてもインフラの整備が必要であるとの基本的な政策スタンスを看取することができる。

かつて後藤が農相であった頃に手がけた「経済更生計画」は、産業組合を中心とした農村の組織化を目指したものであったが、これらの奥地等産業開発道路の整備は、農山漁村のインフラ整備を軸としつつ「後進地域」と「先進地域」の並行的発展を目指すものであった。当時、いわゆる都市部の「過密」と農村部の「過疎」が問題となり、産業立地の再編成が叫ばれていたことも背景にあり、産業道路開発という形での地方への所得の再分配政策が、進行していくことになった。高度成長期以前の後藤らの構想が、未開発の僻地資源を道路建設によって掘り起こすことが目的であったとすれば、高度成長期を経てすでに都市部への人口流入が大幅に進み、過疎地域が現出してくる頃には、地方への公共事業を通じた補助金散布といった政策目標も併せもつようになっていったと考えられる。

工業発展を遂げている地域のインフラを整備するのであれば、それほど道路建設の優先順位は問題とはならない。経済原則に照らして、必要に応じて整備を進めていけばよい。しかし、過疎地域ではそもそも交通量がほとんどないも同然であるから、限られた予算のなかで道路建設をおこなっていこうとすれば、当然、その順位付けが問題となる。後藤は、だからこそ奥地の調査が必要であり、多くの山間僻地を踏査するなかで、将来的に見込みのある地域を優先にして、道路建設をおこなっていけば良いと考えていたが、現実には、地方からの陳情などによる、いわゆるレント・シーキング活動を助長してしまう側面があったことを否定できないであろう。その意味でも、田中型政治の先取り、否、戦前、内務省地方局がそのインフラ整備の「箇所付け」で権限を奮ったやり方の、再来にほかならなかった。

産業道路開発協会は、その後、一九七一年に社団法人奥地開発道路協会に改組し、「奥地」道路の建設を唱道する活動を続けていく。後藤は、引き続きその会長職を務めていったのである。

昭和研究会における国土計画研究

後藤が、戦後関係した奥地産業道路開発に関連して、かつて昭和研究会において考究されたプランが影響を与えているのかもしれない。それは昭和研究会の世界政策研究会のなかに、文化研究会（委員長：三木清）と並んで設けられ、一九三九（昭和一四）年秋に発足した国土計画研究会におけるプランである。酒井によれば、この研究会は長期的展望に立った世界政策を樹立するために設けられ、戦時下にあっての高度国防国家建設という思想を下敷きにしつつも、より根本的には「利益だけを追求する自由主義体制の諸欠陥」に基づく東京、大阪などの大都市圏への諸機能の集中は好ましくなく、諸機能を地方に分散させ、国策の基本目標である総合国力の発揮を目指そうとするものであった（酒井、前掲、一三七頁）。

この研究会の委員長を、後藤文夫が務め、近藤康男（東大教授、農業経済学）、諸井貫一（東大教授、工業経済学、戦後は秩父セメント社長から初代日経連会長）、高橋雄豺《ゆうさい》（戦後、地方制度調査会会長）、畑敏男、佐藤弘、佐倉重夫、橋井真、藤井崇治、芝生英夫、酒井三郎が委員として加わった。

委員会は、一九四〇年に原稿用紙五〇〇枚超に及ぶ報告書「国土計画促進に関する意見書」をまとめ、政府関係各所に配布し、かなりの反響を呼んだが、一九四一年に太平洋戦争がはじまり、結局、印刷出版には至らなかったという。

しかし、一九四二年六月には企画院が、「工場規制地域及工業建設地域ニ関スル暫定措置要綱」を策定し、閣議決定された。この「要綱」は、空襲対策としてだけではなく、工場の集中による都市生活の弊害をも理由に挙げながら、工業生産の地方圏への分散の必要性を説いたものであった。また一九四三年一〇月には、企画院は新たに国土計画のための「中央計画素案・同要綱案」を作成し、「重要産業立地の綜合的見地に基く適正化」を掲げた(藤井信幸『地域開発の来歴――太平洋岸ベルト地帯構想の成立――』日本経済評論社、二〇〇四年、一〇〇~一〇一頁)。

戦後、旧植民地・占領地を失い、計画の大前提である国土の範囲が限定された日本でいち早く内務省で国土計画が策定され得たこと背景には、昭和研究会などで検討されていた国土計画が少なからぬ影響を及ぼしていると考えられる。内務省が最初の国土計画案を示したのが、一九四五年九月。そして、その一年後には復興国土計画要綱が発表されている。内務省自体は、一九四七年一二月に廃止されたが、同年二月に勅令によって国土計画審議会が発足し、五月には経済安定本部(のちの経済企画庁)に国土計画策定の仕事が移管された。

経済企画庁がまとめた国土計画の基本法は、一九五〇年五月の国土総合開発法に結実する。この国土総合開発法には、「国土の自然的条件を考慮して、経済、社会、文化等に関する施策の総合的見地から、国土を総合的に利用し、開発し、及び保全し、並びに産業立地の適正化を図り、あわせて社会福祉の向上に資する」という目的が規定された。後藤らが一九四〇年にまとめた上記報告書が、どのような内容をもつものかはわからない。しかし、「高度国防国家」という観点からではあるが、全国を対象とした国土の総合開発計画という視点は、すでに昭和研究会の議論でも出されていたことは銘記されておくべきであろう。

戦後の日本青年団と後藤文夫

一九五六（昭和三一）年二月、後藤文夫は七一歳の高齢にもかかわらず、二二年ぶりに日本青年館理事長に復帰し、以後、一九六九年一一月に辞任するまでの一四年間、その職を務めた。戦前・戦後にわたって二度も理事長を務めたのは、もちろん後藤だけである。最後に、後藤が終生その情熱を注いだ青年団活動の戦後の軌跡をたどりながら、日本の将来を託すのは青年であると信じた後藤の思想についてみておきたい。

その前に、話を少し戦中期に遡らせよう。戦前の大日本連合青年団は、後藤が理事長を退いたあと、一九三九年に大日本青年団と組織を改めた。さらに、一九四一年、大日本青年団と大日本連合女子青年団は、大日本少年団連盟、帝国少年団協会とともに解体統合され、大日本青少年団として再編成され、一九四二年、大日本青少年団は、大政翼賛会の傘下に入った。

敗戦直前の一九四五年五月には、戦時教育令公布にともない、五月二二日、大日本青少年団も解散され、全国的な学徒隊として再編された。大日本青少年団は解散したが、財団法人日本青年館は、青年団の事業を引き継ぎ、敗戦を迎えた。日本青年館は、GHQによって接収され、進駐軍兵士宿舎などに用いられたが、日本青年館事務所は分館浴恩館に移され、雑誌『青年』を一九四五年九月号から発行した（のち『青年団』と改称し、さらに一九六九年、『青年』に再改称、一九九七年以降は休刊している）。

終戦の虚脱状態のなかで、全国の青年団活動が再開されていくようになるのは、一九四六年以降であった。すでに一九四五年九月、文部省は「青少年団体ノ設置並ニ育成ニ関スル件」の次官通牒（当時、日本青年館理事長で文部省教学局長であった朝比奈策太郎と鈴木健次郎秋田県青年館初代理事長の起草）を発令し、全国における青少年団体の設置・育成を積極的に推奨していたが、組織的な再開の動きは、戦地に赴いていた青年たちが帰郷してしばらくしてのちのことであった。

それでも一九四六年には、早くも戦後初の都道府県青年団連合組織である長野県連合青年団が誕生し、翌年までにほとんどの都道府県で連合青年団が結成された。これら都道府県の連合青年団を中心に、全国組織結成のための運動が開始され、一九四七年一月には日本青年団体連絡協議会の規約が成立し、五月名古屋で開かれた第一回理事会で初代役員が選出され、日本青年団協議会（日青協）が結成された（発足当初は四七都道府県中二四府県の連合青年団が加盟した）。

日本青年館理事長は、朝比奈ののち、河原春作、佐々弘雄、鈴木文史郎、一万田尚登が就任したが、一九五六年二月、一万田が大蔵大臣に就任したため、後藤が返り咲くこととなった。戦前、後藤が理事長に就任したときも井上準之助が大蔵大臣に就任したためであった。偶然とはいえ、これも何かの縁かもしれない。

さて、戦後の早い時期に再生を遂げて再スタートを切った青年団活動ではあったが、高度成長時代、農村の青年たちはこぞって都会に出ていき、後藤らの期待に反してその組織率は低下し、活動は低調になっていった。

戦後、日本社会が大きな構造変化を遂げていくなかで理事長を務めた後藤は、日本青年館および日青協の活動にコミットすることを通じて、何を実現しようとしたのであろうか。あるいは、日本の将来を背負っていく青年たちに何を期待したのであろうか。

ここでは、民俗芸能の振興とその担い手の育成という点を中心にみておこう。後藤は、ことあるごとに農村にこそ日本民族のアイデンティティの基盤があり、ことに民俗芸能には抑圧された現代人を解放し、救済する社会的機能があると強調する。

「機械に束縛され且つ騒擾煩雑な刺激に圧倒されておる現代人を、人間疎外から救済する有力な方法は広い意味の芸術であります。簡単素朴ではあるがまたそのゆえにこそ大衆が集まって行われる民俗歌唱舞踊は、その盛り上る雰囲気によって、人々に与える心身解放の効果は非常に大きなものであります」（三三四〜三三五頁）。

今や農村の民俗歌唱舞踊が、若者のエネルギーの発散の場になると論じれば、アナクロニズムだといわれるかもしれないが、後藤にとっては、もう少し高い次元から、次のようにも論じられるものであった。

「私はつらつらこの世界の情勢を大観してみまするというと、世界は一つになるという大きな方向をたどっておると思います。……しかし、そういう場合でも各民族の持っている長所、優秀な点というものは、それがやはり一つの固有の性格として持ち続けて全体を大きな発展の中に、またそれぞれの持つ特徴と個性というものをじゅうぶんに発揮しながら、お互いに世界全体の進歩をはかっていくことになると思うのであります。……過去の中に、持ちこたえておるものの中にいつも美しいもの、清いものを再発見する、これをわれわれは自覚するということが必要であると思います。これはやはり日本民族のほんとうの意味の新しい分野ですが、その意味の自覚というものが再びここで起こって、初めて世界の文化に大いに貢献することができると思うのであります。

私は農村の青年の方々がやはりそういう意味で、農村というものを今後自分たちの手でどうしていくか、そして、今それぞれの青年が全部農村にとどまるのではありませんけれども、農村というものを日本民族のほんとうの心の故郷をもう一ぺん自然のものに築き上げようという理想と努力が必要であると思うのであります。それと同時に、この心のふるさとから出て行った大都会、工場地帯等に集まる青年の人たちとどういう関連で提携しながら大きな力をなしていくことになるであろうと、またなすべきであるということを考えていただきたいと思うのであります。……」（一九六二年五月、日青協大会での演説より。三四〇～三四一頁）。

後藤は、戦前において外交論を含む世界戦略、世界のなかの日本について、意外なほど語ったことはなかったが、米ソ超大国の狭間にあって、戦後日本が真の平和国家として立っていくためには、どのような世界戦略をもつべきかを、多少なりとも有するようになってもいた。その意味で、右の言説にはみるべきものがあるように思われる。しかし、一方で「過去の中に、持ちこたえておるものの中にいつも美しいもの、清いものを再発見する」という方向性でしか、世界の文化に大いに貢献することができないとする考え方には、やはり危ういものを感じざるをえない。

かつて竹下登が総理大臣職にあったとき、「ふるさと創生事業（正式名称は「自ら考え自ら行う地域づくり事業」）」を推進するため、一九八九年に全国約三三〇〇の市町村に使い方を限定せずに一億円ずつ配ったが、竹下もまた青年団活動から政治の世界に入っていったことはよく知られている（側近の野中広務も同様である）。竹下は、この「ふるさと創生事業」を、自ら生涯の政治理念としてもっていたのであるが、この竹下の政治理念と、上に現れているような後藤の思想は、非常によく似通った点をもつように思われる。また、二〇〇一年から五年間の長期政権を担った小泉純一郎の後継内閣を担った安倍晋三は、「美しい国づくり」を政策課題として掲げ、国民の自発的な参加を呼びかける国民運動を展開しようとした。この運動自体は、二〇〇七年九月、安倍首相の突然の辞任によって事実上放棄されたが、地域経済格差が叫ばれるなか、同工異曲の運動が、また現れてくる可能性は大いにある。

注

（1） 酒井三郎、前掲、二七四～二七五頁を参照。
（2） 産業道路とは、主に貨物輸送の交通に供される道路の通称。工業地域を通る道路や工業団地と埠頭を結ぶ目的を持って作られた道路を指す。

あとがき

後藤文夫は、既成政党の行き方を批判し、新しい国民運動を立ち上げ、それを組織化することによって、理想の国家社会を実現できると考えていた。新日本同盟や青年団を通じての活動や、のちの農村の自力更生運動を吸収していこうとした「経済更生計画」や産業組合拡充運動もその新しい国民運動のあり方を目指したものであった。しかし後藤は、盟友の田沢がほぼその生涯を通じて青年団運動にコミットし続けていったような形で、それら運動・組織化に関わったわけではなかった。早くから内務官僚のホープと目され、エリートコースを歩んできた後藤は、官を辞して自らの理想とする政治活動に全面的に没入していくことを許されなかったし、後藤自身も既存の体制内での変革・革新に希望をつないでいたからである。

台湾総督府総務長官就任は、後藤のその後の進路の大きな転換点となった。民政党系官僚の伊沢多喜男のもとで台湾総督府総務長官のポストを受けたことは、われわれが想像する以上に内務官僚出身の後藤にとって大きな意味をもったであろう。後藤は自ら進んでこのポストを望んでいたわけではない。しかし、伊沢のもとで台湾行政のナンバー2の地位に上ることで民生党系官僚と周りからも認定されることもまた自覚していたであろう。そして、後藤自身、民政党による政策方針に対して反対ではなかった。理想の台湾統治を目指して、人事を粛正し、大胆な構造改革を進める伊沢総督の行き方を、後藤は間近に学んだはずである。

浜口内閣成立時、後藤は勅撰の貴族院議員を受けて、かつ大蔵大臣となって青年団の理事長を退いた井上準之助の後、そのポストに入る。井上は民政党員ではなかったが、自らの信念を現実政治に反映するため大蔵大臣を受けた。後藤が井上の後釜として青年団活動のトップになった際、浜口・井上路線の地方レベルでの展開をサポートする位置にあったことは明らかであろう。民政党の「構造改革」路線を、後藤は支持し、それを実行する立場に立っていたのである。

「構造改革」路線は、五・一五事件後の初入閣移行も引き継がれる。民政党系の山本達雄内相をサポートしつつ、農村対策を実行していくという農林大臣のポジションは、ある意味、それまで後藤が携わっていた新日本同盟での理念を実現するのにふさわしい地位であったともいえる。また後藤の政策思想の根底には、第一次世界大戦後の資本主義の行き詰まり＝「危機」は、都市と農村の格差、農村の窮乏といった形でもっとも先鋭的に現れてきているという認識が濃厚に存在していた。後藤が単純に農村への補助金のバラまきだけでは、問題の根本的解決が図れないと考えたのは、単なる思いつきではもちろんなかったし、「自力更生」というアイデアが下から上がってきたことをきっかけに「経済更生計画」を立案しえたのも、それが年来の後藤の持論と合致したものであったからである。

「経済更生計画」は、お互いに助け合うなかで力行を促す精神主義を唱えながらも、地方農村の運動を産業組合拡充と結び付け、上からの組織に再編成していく性質をもったものであった。農業に関する統制組織として十分機能したかどうかは別にして、このような組織化の動きは、「選挙粛正運動」や大政翼賛会などにも共通してみられる。これがやがて戦争遂行の動員組織としての役割をもったことは、いかに上からの統制が危ういものかを思い知らされる。

後藤は、こうした統制思想を第一次世界大戦の「危機」への対応として早くからもっていた。ほかの「新官僚」とともに新日本同盟を設立したのは、普通選挙法と同時に治安維持法も制定された一九二五年のことであったが、後藤の「危機感」自体は、もっと早くからあった。政党政治が広範な大衆民主主義と結び付くとき、社会の「没批判」はますます高まっていくであろうとの確信は、しかし裏を返せば、官僚の無謬性を前提とした牧民官的発想に容易に結び付くものであった。

地方からの運動、自治の精神、青年有志による諸変革、いずれも後藤が重視したものではあったが、それらはいずれも上からのコントロールのもとで「正しい」方向に向けられるべきものであったのである。

最後になってしまったが、本書を書かせていただくことになったきっかけについて簡単にふれ、関係諸氏に謝意を表しておきたい。

そもそも、後藤文夫に関心をもつようになったのは、学習院大学教授の岩田規久男氏を座長とする「昭和恐慌研究会」のメンバーとして、当時のメディアと経済政策の関連をテーマに論文を書かせていただいたことがきっかけであった（そのささやかな成果は、岩田規久男編『昭和恐慌の研究』東洋経済新報社、二〇〇四年、第四七回日経・経済図書文化賞受賞、に所収されている）。『昭和恐慌の研究』では、浜口・井上のデフレ政策および高橋のリフレ政策に焦点が当てられていたため、当時の農村問題に対処した後藤文夫の政策およびその思想にはふれることができなかった。そのため、いつか機会があれば、後藤農政、もしくは「新官僚」の政策思想についてまとまったものを書いてみたいと思っていた。

しかし、具体的な執筆プランもないまま、いつの間にか後藤への興味が薄らいでいたころ、たまたま本書執筆のきっかけを与えてくださったのが、日本経済思想史研究会代表幹事で早稲田大学教授の川口浩氏であった。氏は、幾度となく後藤文夫の重要性について力説し、まさに叱咤激励してくださった。同門の良き先輩でもある川口氏にはとくに感謝したい。

また、日本経済思想史研究会例会での拙い報告にコメントをくださった皆さん、本評伝シリーズの監修委員の皆さん、大東文化大学経済研究所シンポジウムにご参加くださった皆さん（とくに橋野知子氏、大森一宏氏、岸田真氏、高橋周氏、石井寿美世氏からは貴重なコメントをいただいた。なお、同シンポジウムのもととなった研究プロジェクトの成果は、別途発表済であり、本書にもその成果は一部活かされている）、東京外国語大学地域文化研究科「グローバル資本主義研究会」で報告の機会をくださった西谷修氏、中山智香子氏、鎮目雅人氏、一次草稿に目を通して修養主義に関して貴重なコメントを下さった島田昌和氏、自著からの図表転載を快諾下さった安達誠司氏、そして、日本経済評論社出版部の谷口京延氏に感謝を申し上げたい。

二〇〇八年二月八日

中村 宗悦

後藤文夫年譜

西暦（元号）	年齢	事項
一八八四（明治一七）年	〇	三月七日　現大分県大分市大手町において父義知、母クリの五男として誕生。
一八九〇（明治二三）年	六	四月　大分師範付属小学校に入学。
一八九二（明治二五）年	八	九月二三日　父義知他界。
一八九六（明治二九）年	一二	三月　大分師範付属小学校卒業　四月　旧制大分中学校入学。
一九〇一（明治三四）年	一七	三月　大分中学校卒業。
		四月　旧制第五高等学校一部に入学（同級生に田沢義鋪）。
一九〇五（明治三八）年	二一	九月　東京帝国大学法科大学政治学科に入学。
一九〇八（明治四一）年	二四	七月　東京帝国大学法科大学政治学科卒業。
		七月一八日　内務省入省、東京府属として内務部庶務課勤務を命ぜられる。
		一一月二七日　高等文官試験に首席で合格。
一九〇九（明治四二）年	二五	一二月二二日　地方局勤務となる。
		一二月二七日　徳島県事務官に任命され、学務課長を命ぜられる。
一九一〇（明治四三）年	二六	歩兵第七二連隊に入営、約一年半の軍隊生活を送る。
一九一二（明治四五）年（大正一）	二八	七月八日　子爵加納久宜の五女治子と結婚。
		一二月　神奈川県勧業課長に任命される。

一九一三（大正二）年	二九	六月　青森県警察部長に任命される。 六月一八日　長男正夫誕生。
一九一四（大正三）年	三〇	四月二八日　内務省警保局保安課長兼図書課長に任命される。
一九一五（大正四）年	三一	九月一九日　次男米夫誕生。 九月三〇日　母クリ他界。
一九一六（大正五）年	三二	七月一〇日　衆議院議員選挙法改正調査会幹事に就任。
一九一七（大正六）年	三三	三月二二日　長女親子誕生。 五月　ロンドンへ留学。往路シベリア鉄道にてペトログラードに入る。約一カ月半、革命直前のロシアを観察する。
一九一九（大正八）年	三五	一二月　留学より帰国。留学中ヴェルサイユ講和会議を見学、帰途アメリカへ回りカリフォルニアの農村を視察する。 一二月二三日　内務省参事官に任用され、警保局警務課長に任命される。
一九二〇（大正九）年	三六	四月五日　月曜会創設とともに主要メンバーとして参画。八月一二日三男久夫誕生。 九月一五日　内務省大臣官房文書課長に転じ、内務大臣秘書官を兼任する。 一〇月四日　明治神宮造営参事官を兼任する。
一九二一（大正一〇）年	三七	三月四日　三男久夫他界。 四月　専任参事官として内務行政の重要な企画運営に参画する。 九月二八日　財団法人日本青年館理事に就任、この頃より青年団との

		関わり合いがはじまる。
一九二二（大正一一）年	三八	二月八日　次女保子誕生。 六月一四日　内務省警保局長に任命される。
一九二三（大正一二）年	三九	八月　加藤友三郎首相死去にともなって内閣総辞職により警保局長辞表を提出。 九月　関東大震災の発生により、警保局長の職に止まり災害処理の任に当る。 一〇月一二日　警保局長を辞任する。勅選議員推薦を受けるが、これを辞退する。
一九二四（大正一三）年	四〇	二月一一日　三女紀久子誕生。五月　国本社発足、理事となる。 九月一〇日　台湾総督府総務長官として赴任する。
一九二五（大正一四）年	四一	三月二九日　関口一郎、滝正雄、丸山鶴吉、田沢義鋪らと新日本同盟を結成。発会式をおこなう。この運動のなかで近衛文麿を知る。
一九二七（昭和二）年	四三	二月　台湾総督府総務長官として台湾銀行救済に奔走。 五月三日　臨時議会で台銀への日銀融資に政府が二億円まで補償する等の救済法案が成立。
一九二八（昭和三）年	四四	台湾総督府総務長官を免ぜられる。
一九三〇（昭和五）年	四六	一月二八日　財団法人日本青年館第四代理事長に就任。 一二月　浜口内閣より貴族院議員に勅選される。
一九三一（昭和六）年	四七	在京大分県人会副会長に就く。
一九三二（昭和七）年	四八	五月二七日　斎藤実内閣農林大臣に就任。

一九三三（昭和八）年	四九	九月二七日　農林省に経済更生部設置。 一〇月六日　「農山漁村経済更生ニ関スル訓令」を発す（「農山漁村経済更生計画」はじまる）。
一九三四（昭和九）年	五〇	四月　産業組合拡充五カ年計画はじまる。 七月　財団法人日本青年館第四代理事長を辞任。 七月三日　斎藤内閣総辞職、岡田啓介内閣の組閣に参画する。 七月八日　岡田内閣内務大臣に就任。
一九三五（昭和一〇）年	五一	一月　内務省地方官官制の大幅な改正をおこない、農山漁村更生運動のための地方庁の整備をする。 五月　「選挙粛正委員会令」勅令を公布する。
一九三六（昭和一一）年	五二	二月二六日　二・二六事件起り、内閣総理大臣臨時代理に就任し、事態収拾に当る。 二月二八日　岡田内閣総辞職により内務大臣を辞任。
一九三七（昭和一二）年	五三	在京大分県人会会長に就任（昭和二〇年まで）。
一九四〇（昭和一五）年	五六	八月二三日　大政翼賛会新体制準備会委員に委嘱される。 一〇月一〇日　大政翼賛会発足にともない、常任総務となる。
一九四一（昭和一六）年	五七	八月　大政翼賛会中央協力会議長に就任。その後、第三次近衛内閣の総辞職にあわせて、同議長の提出するも、次期内閣東條首相により却下され留任する。 九月二八日　鎌倉山の近衛別荘で近衛首相と懇談、日米首脳会談に同行を求められる。しかし、結局この会談は実現しなかった。

一九四二（昭和一七）年	五八	五月七日　翼賛政治結集準備会特別委員会委員長に就任、翼賛政治会結成創立の準備に当る。創立後はこの常任総務となる。
一九四三（昭和一八）年	五九	四月　大政翼賛会副総裁に就任する。五月　東條内閣無任所大臣に就任する。
一九四四（昭和一九）年	六〇	七月一八日　東條内閣総辞職にともない国務大臣辞任。同時に大政翼賛会副総裁も退く。七月　日本体育協会副会長に就任。
一九四五（昭和二〇）年	六一	一二月　ＧＨＱよりＡ級戦犯に指定され、巣鴨拘置所に拘置される。
一九四八（昭和二三）年		一二月　巣鴨拘置所より釈放される。
一九五二（昭和二七）年	六八	三月二五日　公職追放を解除される。大分県奨学会会長に就く。
一九五三（昭和二八）年	六九	四月　大分県地方区参議院選挙に自由党と改進党の推薦で保守系無所属として立候補し当選、参議院議員となる。東京農業大学理事に就任。 六月　産業開発道路協会創立にともない初代会長に就任する。この運動はやがて、昭和三九年「奥地産業開発道路整備臨時措置法」の制定を実現し、昭和四六年、奥地開発道路協会と改組したのちも会長を務める。 一二月一七日　財団法人日本産業開発青年協会発足にともない、初代理事長に就任する。
一九五四（昭和二九）年	七〇	一月　参議院緑風会に入会する。 五月　緑風会総務委員会座長になる。以来、議員総会議長、会務委員会座長、政務調査会長を務める。
一九五五（昭和三〇）年	七一	財団法人原子力産業会議設立にともない顧問となる。

一九五六（昭和三一）年	七二	二月二四日　再度、財団法人日本青年館理事長に就任するとともに、財団法人田沢義鋪記念会理事長に就任する。
一九五九（昭和三四）年	七五	六月　大分県地方区より参議院緑風会から立候補するも惜敗する。
一九六〇（昭和三五）年	七六	五月　財団法人新生活運動協会常務理事
一九六一（昭和三六）年	七七	一〇月九日　財団法人修養団顧問。
一九六四（昭和三九）年	八〇	四月　大霞会会長に就任（『内務省史』『内務省外史』の編纂）。
一九六九（昭和四四）年	八五	一一月一二日　財団法人日本青年館理事長を辞任、名誉会長に選任。
一九七一（昭和四六）年	八七	一二月　産業開発道路協会を社団法人奥地道路協会に改組、引き続き会長を務める。
一九七三（昭和四八）年	八九	四月一〇日　妻治子他界。 一〇月　財団法人日本産業開発青年協会理事長を辞任する。
一九七五（昭和五〇）年	九一	六月　全国五高会会報委員長。
一九七六（昭和五一）年	九二	九月　長男正夫、参議院議員に当選。
一九八〇（昭和五五）年	九六	五月一三日　死去。享年九六歳。

後藤文夫文献目録

Ⅰ　後藤の伝記・回想録・談話記録・著作、関係者の伝記

森有義『青年と歩む後藤文夫』(日本青年館、一九七九年)
内政史研究会『内政史研究資料第四集　昭和三十八年七月十一日　後藤文夫氏談話　第一回速記録』(一九六三年)
「人物政治史料　後藤文夫　㈠、㈡」(早稲田大学図書館蔵：書写史料、一九六九年)
アドバンス大分『昭和史をつくった二人——後藤文夫回想録：一万田尚登回想録——』(アドバンス大分、一九八三年)
『斯民』(復刻版：全三八巻別巻二)(不二出版、二〇〇〇〜二〇〇二年)＊『斯民』所収の後藤論文については、本文中で示した。
後藤文夫「農山漁村経済の建直しを断行せよ」(『神戸新聞』一九三三年一月八日)
「農村の恒久対策負担軽減が第一義／〝将来に光明を与うる道〟後藤農相から開陳」(『大阪毎日新聞』一九三三年一一月八日)
後藤文夫「明日の農村を語る」(『大阪朝日新聞』一九三四年一月五〜九日)
「臨時米穀移入調節法案外二件続編(第三輯)」(『農政研究』第一三巻第七号、一九三四年七月号、六一頁)
水野錬太郎(後藤文夫)「英国改正選挙法評論　㈠、㈡」(『国家学会雑誌』第三三巻第二号、一九一九(大正八)年二月、第三号、一九一九年三月)
伊澤多喜男傳記編纂委員会編『伊澤多喜男』(羽田書店、一九五一年)
丸山鶴吉『七十年ところどころ』(七十年ところどころ刊行会、一九五五年)

Ⅱ　資料集

大霞会内務省史編集委員会編『内務省史』全四巻（大霞会、一九七一年）
大霞会編『内務省外史』（地方財務協会、一九七七年）
大霞会編『続内務省外史』（地方財務協会、一九八七年）
『農林水産省百年史』編纂委員会編『農林水産省百年史』全三巻・別巻（農林水産省百年史刊行会、一九八〇年）
武田勉・楠本雅弘編『農山漁村経済更生運動史資料集成』全七巻（柏書房、一九八五年）
楠本雅弘編『農山漁村経済更生運動史資料集成　第2集』全六巻（柏書房、一九八八年）
福井県編『福井県史』通史編1〜6（一九九四〜九六年）
野島貞一郎編『緑風会十八年史』（緑風会史編纂委員会、一九七一年）
由井正臣編集・解説『資料日本現代史6　国家主義運動』（大月書店、一九八一年）
粟屋憲太郎・小田部雄次編集・解説『資料日本現代史9　二・二六事件前後の国民動員』（大月書店、一九八四年）
赤澤史朗他編集・解説『資料日本現代史12　大政翼賛会』（大月書店、一九八四年）

Ⅲ　その他文献

安達誠司『脱デフレの歴史分析――「政策レジーム」転換でたどる近代日本――』（藤原書店、二〇〇六年）
井出英策『高橋財政の研究――昭和恐慌からの脱出と財政再建への苦闘――』（有斐閣、二〇〇六年）
伊藤隆『昭和初期政治史研究』（東京大学出版会、一九六九年）
石原千秋『百年前の私たち――雑書から見る男と女――』（講談社現代新書、二〇〇七年）
岩田規久男編『昭和恐慌の研究』（東洋経済新報社、二〇〇四年）

太田愛之・川口浩・藤井信幸『日本経済の二千年　改訂版』（勁草書房、二〇〇六年）
大塚健洋『大川周明と近代日本』（木鐸社、一九九〇年）
大西比呂志編『伊沢多喜男と近代日本』（芙蓉書房出版、二〇〇三年）
大豆生田稔『お米と食の近代史』（吉川弘文館、二〇〇七年）
加瀬和俊『戦前日本の失業対策――救済型公共土木事業の史的分析――』（日本経済評論社、一九九八年）
木下順「日本社会政策史の探求（上）――地方改良、修養団、協調会――」（『国学院経済学』四四巻一号、一九九五年）
小島毅『近代日本の陽明学』（講談社、二〇〇六年）
後藤乾一『国際主義の系譜――大島正徳と日本の近代――』（早稲田大学出版部、二〇〇五年）
酒井三郎『昭和研究会――ある知識人集団の軌跡――』（中央公論社、一九九二年）
塩田潮『「昭和の教祖」安岡正篤の真実』（ワック、二〇〇六年）
清水唯一朗『政党と官僚の近代――日本における立憲統治構造の相克――』（藤原書店、二〇〇七年）
副田義也『内務省の社会史』（東京大学出版会、二〇〇七年）
武田清子『日本リベラリズムの稜線』（岩波書店、一九八七年）
田澤義鋪「道の国日本の完成」（『田澤義鋪選集』一九六七年）
筒井清忠『日本型「教養」の運命――歴史社会学的考察――』（岩波書店、一九九五年）
綱澤満昭『農の思想と日本近代』（風媒社、二〇〇四年）
中島岳志『中村屋のボース――インド独立運動と近代日本のアジア主義――』（白水社、二〇〇五年）
中村勝範編『満州事変の衝撃』（勁草書房、一九九六年）
中村信夫『刻まれた歴史――碑文は語る農政史――』（家の光協会、一九八六年）
中村宗悦『経済失政はなぜ繰り返すのか――メディアが伝えた昭和恐慌――』（東洋経済新報社、二〇〇五年）

中村宗悦「昭和恐慌」と後藤文夫――危機への対応としての「国家社会の純化――」（『経済研究　経済報告第二〇号』大東文化大学経済研究所、二〇〇七年）
中村宗悦「書評：山口輝臣『明治神宮の出現』」（『週刊東洋経済』二〇〇五年五月一四日号）
中村隆英『明治大正期の経済』（東京大学出版会、一九八五年）
成田久四郎編著『社会教育者事典・増補版』（日本図書センター、一九八九年）
原田敬一『シリーズ日本近現代史③　日清・日露戦争』（岩波新書、二〇〇七年）
半藤一利・中西輝政・福田和也・保阪正康・戸高一成・加藤陽子『あの戦争になぜ負けたのか』（文春新書、二〇〇六年）
坂野潤治『近代日本政治史』（岩波書店、二〇〇六年）
藤井信幸『地域開発の来歴――太平洋岸ベルト地帯構想の成立――』（日本経済評論社、二〇〇四年）
古川隆久『昭和戦中期の総合国策機関』（吉川弘文館、一九九二年）
保阪正康『昭和史の教訓』（朝日新聞社、二〇〇七年）
水谷三公『日本の近代13　官僚の風貌』（中央公論新社、一九九九年）
森武麿『戦間期の日本農村社会――農民運動と産業組合――』（日本経済評論社、二〇〇五年）
柳田國男『明治大正史世相篇（下）』（講談社学術文庫、一九七六年［原著一九三〇年］）
山口輝臣『明治神宮の出現』（吉川弘文館、二〇〇五年）
若生剛「昭和初期公民教育の普及活動――帝国公民教育協会と公民教育研究所の活動に焦点を当てて――」（筑波大学『教育学研究集録』二四号、二〇〇〇年一〇月、一一九〜一三一頁）

わ行

さ行

人名索引

＊後藤文夫および年譜は除く。

あ行

【著者紹介】

中村 宗悦（なかむら・むねよし）

1961年：大阪に生まれる
1994年：早稲田大学大学院経済学研究科博士後期課程満期退学
現　在：大東文化大学経済学部教授
主要著書：共著『昭和恐慌の研究』東洋経済新報社，2004年，『経済失政はなぜ繰り返すのか――メディアが伝えた昭和恐慌――』東洋経済新報社，2005年。

後藤文夫　〈評伝・日本の経済思想〉
人格の統制から国家社会の統制へ

2008年3月5日　第1刷発行　定価（本体2500円＋税）

著　者　中　村　宗　悦
発行者　栗　原　哲　也

発行所　株式会社　日本経済評論社
〒101-0051　東京都千代田区神田神保町3-2
電話 03-3230-1661　FAX 03-3265-2993
info@nikkeihyo.co.jp
URL: http://www.nikkeihyo.co.jp

装幀＊渡辺美知子　印刷＊文昇堂・製本＊山本製本所

乱丁落丁本はお取替えいたします。　Printed in Japan

ISBN978-4-8188-1987-0

【刊行の辞】

日本経済思想史研究会は一九八三年に発足し、以来四半世紀、日本経済思想史という学問の発展を目指して活動してまいりましたが、このたび「評伝・日本の経済思想」シリーズを世に問うこととなりました。本シリーズの目標は、一冊ごとに一人の人物を取り上げ、その生涯をたどりつつ、その人物の経済思想をその人の生きた時代の中に位置づけ、理解することです。日本人の伝記のシリーズは、これまでにもいくつか公刊されておりますが、経済思想に焦点を当てたものは本シリーズが初めてであろうと自負しております。

本シリーズでは、著名な学者・思想家といった知識人を取り上げるとともに、経済活動の現場に身を置いた企業者、日本経済の将来を構想し経済政策を立案・実行した政策者にも光を当てることに努めました。しかし、企業者や政策者の考えていたことを分析的に理解し、それを再構成し、しかも分かりやすい形で叙述することは、むずかしい課題であることは否めません。本シリーズは、不十分ながらも、そうした方向への一つの試みでもあります。

日本の学界には、日本経済史という領域があり、他方では、主に西洋の経済思想や経済学を取り扱ってきた経済学史という分野も存在します。このためか、経済史や経済学史とある部分では重なりつつ、しかし、どちらに対しても一定の独自性を有するはずの日本経済思想史という領域は、残念ながら、未だしの感をぬぐいきれません。本シリーズが、研究者や学生はもちろん、広く多くの方々の座右に置かれるようになることを切望してやみません。

日本経済思想史研究会代表幹事・早稲田大学教授　川口　浩

▶評伝・日本の経済思想◀

寺出道雄（慶應義塾大学）『山田盛太郎』＊
池尾愛子（早稲田大学）『赤松　要』＊
中村宗悦（大東文化大学）『後藤文夫』
上久保敏（大阪工業大学）『下村　治』
落合　功（広島修道大学）『大久保利通』
大森一宏（駿河台大学）『森村市左衛門』
見城悌治（千葉大学）『渋沢栄一』
清水　元（早稲田大学）『北　一輝』
西沢　保（一橋大学）『福田徳三』
小室正紀（慶應義塾大学）『福澤諭吉』
齋藤　憲（専修大学）『大河内正敏』
仁木良和（立教大学）『岡田良一郎』
藤井隆至（新潟大学）『柳田国男』
川崎　勝（南山大学）『田口卯吉』
山本長次（佐賀大学）『武藤山治』

＊印は既刊